사명 리더십으로
바로 세워라

21세기 크리스천의 존재방식, **M-Leadership**

사명 리더십으로
바로 세워라

장성배 지음

kmc

사명 리더십은 '하나님께서 수행하시는 구원의 역사'에
민감하게 응답하는 '인간의 사명'에서 출발한다.
그것은 위로는 하나님의 구원의 은혜에 감격하고 예배하는 것
하나님의 음성을 듣고 그 명령에 순종하는 것과 관계된다.
또한 안으로는 내 삶이 거룩해지는 것, 정한 것을 창조하는 것
나의 영육간의 건강을 유지하는 삶과 연결된다.
더 나아가서 밖으로는 세상 한가운데에서 빛과 소금의 역할을 감당하고
예수 그리스도를 증거하며
하나님 나라를 확장해 가는 사명으로 귀결된다.

서문

서점에 가 보면 가장 비중이 있는 곳에서 리더십과 자기계발에 관한 서적들을 쉽게 볼 수 있다. 2000년대에 들어서면서 이러한 책들은 기하급수적으로 증가하고 있어서 그중에 옥석을 가리기 힘들 정도다. 아마존을 보면 리더십과 경영을 주제로 한 책이 30만 권을 넘고 있다. 매년 잡지를 비롯한 각종 저널에서 리더십에 할애하는 페이지 수가 현격하게 늘고 있다. 미국 기업들의 75퍼센트가 매년 직원들을 리더십 프로그램에 참가시키고 있으며, 경영 진단에 쏟아 붓는 비용만도 연간 150억 달러에 달한다. 한국에서도 리더십 훈련과 각종 프로그램들이 우후죽순 격으로 늘어나고 있다. 그중에는 신뢰도 있는 연구를 바탕으로 한 것들도 있지만, 많은 경우 시류를 따라 충분한 준비 없이 생겨난 경우도 많다. 이러한 상황에서 또 하나의 리더십 서적을 출간하는 이유는 무엇일까?

필자가 크리스천 리더십을 연구하고, 가르쳐온 지도 10년이 가까워오고 있다. 초기에는 선교사 훈련의 일환으로 시작되었던 것이 점점 확대되면서 모든 그리스도인들을 사명자(missionary)로 세워야 한다는 확신으로 자리 잡게 되었다. 모든 그리스도인들은 하나님께 부르심을 받았고, 자신의 사명을 감당해야 하는 존재들이다. 그들은 날마다 그의 나라와 그 의를 구하고, 뜻이 하늘에서 이룬 것같이 땅에서도 이뤄지기를 기도하며, 자신에게 맡겨진 사명을 감당하는 영향력 있는 사람들이 되어야 한다. 이러한 사명자들을 생각하면서 이론을 정리한 것이 '사명 리더십'(Missional Leadership)이다.

사명 리더십?

그렇다면 사명 리더십을 어떻게 설명하면 좋을까? 책 전체를 통해서 이 문제를 다뤄가겠지만 이곳에서 먼저 간단한 정의를 시도해 보자.

필자는 '선교'(宣教)라고 번역되어 왔던 mission이라는 영어표현을 '사명'(使命)으로 번역하는 것이 더 적절하다는 것을 강조해 왔다. 역사적 맥락이나 사전의 뜻을 살펴보아도 사명으로 이해하는 것이 더 적절하다. 중세에 라틴어 mitto에서 유래한 mission이라는 말은 세 가지 의미를 담고 있다.

첫째로 이 단어는 '파송'이라는 뜻을 내포한다. 로마의 영토에서 이민족들에게 복음을 들고 나가는 열정적인 사람들을 파송할 때를 생각해 보라. 같은 맥락에서 성경을 보면 아버지 하나님은 사람들을 선택해서 사명을 주어 세상으로 보내신다. 이러한 그분을 우리는 '보내시는 하나님'(missional God)이라고 부를 수 있다. 그 하나님은 아들을 세상에 보내셨고, 그 아들은 그의 제자들을 세상으로 보내셨다. "아버지께서 나를 보내신 것같이 나도 너희를 보내노라."[1]

둘째로 이 단어는 '보냄을 받은 사람 또는 단체'를 일컬을 때 사용된다. 특히 영어권에서 선교단체를 mission이라고 부른다.

셋째로 가장 대중적으로 사용되는 용법으로서 보냄을 받은 사람들이 감당해야 할 '임무 또는 과제'라는 뜻이다. '너는 임무수행중이다'(you are on the mission), '임무를 수행하러 가다'(go on a mission), '임무수행 불가'

(Mission Impossible), '화성을 향한 임무'(Mission to Mars) 등의 예를 보면 확실히 알 수 있다. 우리나라에서도 많은 경우에 이러한 의미로 사용한다. "나는 미션을 가지고 왔습니다.""이번에 우리에게 주어진 미션은 이것입니다." 또한 교회나 선교단체 외에도 많은 회사나 단체들이 자신의 '사명 선언문'(mission statement)을 명확히 기록해 놓고 있다.

그러므로 이 책은 영미권에서 사용하는 'missional leadership'을 '선교적 리더십'이라고 하기보다는 '사명 리더십'으로 사용한다.

이 관점에서 성서를 보면 '하나님께서 하실 일 또는 사명'(God's mission)이 있고, '인간이 감당해야 할 사명'(human being's mission)이 있다. 이 둘 사이에는 넘을 수 없는 질적 차이가 있지만, 이 둘이 함께 협력함으로 하나님의 계획이 성취된다. 즉 먼저 이 땅의 모든 구원사역은 하나님께서 이뤄 가신다. 이 사항에 대해서 세계교회협의회 측에서는 '하나님의 선교'(Missio Dei)라는 신학적 개념을 발전시켰다. 복음주의 로잔 진영도 '하나님께서 수행하시는 일'(God's mission), '사명을 수행하시는 하나님'(missional God)에 대해 강력하게 주장하고 있다. 그런데 하나님께서는 당신의 일을 수행해 가는 과정에서 사람들을 선택하시고 파송하심으로 그 일을 이뤄 가신다. 노아는 하나님의 사명을 받아 방주를 지었고, 아브라함은 하나님의 명을 받아 갈대아 우르를 떠났다. 모세는 하나님의 명을 받아 이스라엘 민족을 구하기 위해 일어섰고, 여호수아는 하나님께 선택되어 이스라엘 백성들을 가나안 땅으로 인도했다. 이것은 성서 전체에서 선택받고 사명을 수행했던 수많은 사람들 중에 극히 일부의 예다.

그렇다면 어디까지가 하나님의 역사고, 어디까지가 인간의 역사일까?

이 질문은 쉽지 않은 신학적 논쟁을 불러일으킬 수 있다. 이 주제에 대해 필자는 웨슬리의 입장을 선호한다. 즉 하나님의 구원 역사는 전적으로 하나님께서 하신 일이면서, 동시에 100퍼센트 인간의 응답에 의해 이뤄진다. 하나님 편에서 보면 전적으로 하나님 당신의 역사지만, 인간의 입장에서 보면 전적으로 인간의 응답의 결과다. 네비게이토도 비슷한 관점의 예화를 든다. 왕이 잔치를 베풀며 성문 위에 큰 방을 써 붙였다. "누구든지 내 잔치에 참여할 수 있다." 이 방을 보고 성문을 들어간 철수가 문득 뒤를 보니 성문 반대편에는, "내가 철수 너를 초청했다"라는 초청의 글이 붙어 있었다. 잔치에 참석한 것은 온전히 철수의 의지인 것처럼 보였으나, 참석해 보니 온전히 철수를 위한 왕의 초청이었다. 인생의 길을 걸어가는 것도 예가 될 수 있을 것 같다. 인생의 길을 갈 때 수많은 갈래 길을 만난다. 그때마다 고민하고 한 길을 택했다. 한참을 걸어온 나그네가 문득 뒤를 돌아보니 그때마다 하나님께서 그 길을 예비해 놓고 계셨다. 길을 선택한 것은 나지만, 뒤를 돌아보면 그것이 하나님의 인도하심이었다.

그렇다면 사명 리더십은 '하나님께서 수행하시는 구원의 역사'(God's mission)에 민감하게 응답하는 '인간의 사명'(human being's mission)에서 출발한다. 그것은 위로는 하나님의 구원의 은혜에 감격하고 예배하는 것, 하나님의 음성을 듣고 그 명령에 순종하는 것과 관계된다. 또한 안으로는 내 삶이 거룩해지는 것, 정한 것을 창조하는 것, 나의 영육간의 건강을 유지하는 삶과 연결된다. 더 나아가서 밖으로는 세상 한가운데에서 빛과 소금의 역할을 감당하고, 예수 그리스도를 증거하며, 하나님 나라를 확장해 가는 사명으로 귀결된다. 그러므로 사명 리더는 이 모든 것을 수행하는 데 있어서 균형을 유지하는 것이 중요하다. 건강한 사명 리더는 총체적으로 주어진 사명을 수행해 간다. 이러한 사명 리더를 성경은 예수 그리스도의 제자, 그의 거룩한 백성, 왕 같은 제사장, 청지기, 하나님의 종, 예수 그리스도의 몸 된 교회 등으로 다양하게 부른다.

그러므로 크리스천 리더십, 더 나아가서 사명 리더십은 세상의 리더십과는 세계관 자체가 다르다. 기본적인 전제가 다르고, 스스로의 존재감과 사명의 방향도 다르다. 물론 어떤 리더십이 효과적인가에 대해서 세상의 리더십과 공감되는 부분도 있을 수 있다. 그때는 세상의 리더십 이론들도 유용할 수 있다. 그러나 관점의 차이가 있는 부분에서는 단호하게 성서적 관점을 선택할 것이다.

이 책에 대하여

이 책에서 필자는 사명 리더십을 성서적, 선교적, 신앙고백적 관점에서 통합적으로 연구할 것이다. 리더십 논의가 진전되면서 세부적으로 발전된 이론들은 오히려 혼란을 가중시키는 결과를 가져왔다. 크리스천 리더십 분야에서도 특정 분야를 강조하는 많은 책들이 출간되었는데, 이는 독자들에게 다양한 관점을 제공하는 반면에, 혼란을 가중시키는 원인이 되기도 한다. 이 책은 '사명'이라는 주제하에서 가능한 많은 이론들을 통합함으로써 크리스천 사명자, 곧 사명 리더를 훈련하는 중요한 이론적 기초를 마련하고자 한다.

그러므로 이미 세상에 출간된 다양한 관점의 리더십 책들은 사명 리더십의 관점에 분류되고, 평가되며, 사용될 것이다. 또한 이론적 틀을 형성하는 데 있어서 사회학적 시각을 포함시킬 것이다.

이 책은 그 지면의 한계 때문에 사명 리더십의 모든 것을 다룰 수 없다. 그러므로 필자는 사명 리더십의 이론적 토대와 연구모델을 형성하는 것에 만족하려고 한다. 이를 위해 사명 리더십에서 다뤄져야 하는 신학적 주제나, 개념들, 그리고 변수들을 통합적으로 정리해 보고자 한다.

그러나 이러한 이론들을 현장에 적용해 보고 그 효과 여부를 확인하는 실험적 연구는 다음의 기회로 넘기기로 한다. 또한 이 책이 제시하는 이론을 각 연령층과 대상에 따라 훈련 프로그램으로 전환하는 작업도 다음의 연구를 통해 이뤄질 것이다.

II

실천하기

I

이론적 근거

크리스천 리더십은 사명 리더십이다. 하나님과의 관계에서 사명 리더는 하나님의 소명에 순종하고 응답하는 자요, 하나님이 주신 달란트를 지혜롭게 사용해야 할 청지기다. 따르는 자와의 관계에서 사명 리더는 멘토요, 코치요, 헬퍼가 됨으로써 따르는 자를 또 다른 리더로 이끈다. 사명 리더는 하나님의 선교에 동참하여 세상에 나가 하나님의 나라를 확장해 간다.

Leadership

1

1. 리더십이란?

말씀 묵상

"또 비유를 들어 이르시되 천국은 마치 사람이 자기 밭에 갖다 심은 겨자씨 한 알 같으니 이는 모든 씨보다 작은 것이로되 자란 후에는 풀보다 커서 나무가 되매 공중의 새들이 와서 그 가지에 깃들이느니라 또 비유로 말씀하시되 천국은 마치 여자가 가루 서 말 속에 갖다 넣어 전부 부풀게 한 누룩과 같으니라"(마 13:31~33).

미국의 기상학자 에드워드 로렌츠가 주장한 '나비 효과'(Butterfly Effect)는 리더십의 이미지로 적합하다. 기상효과를 연구하던 그는 중국 북경에서 나비의 날갯짓 같은 작은 변화가 대기에 영향을 주게 되면, 이 변화는 시간이 지날수록 점점 증폭되는데, 긴 시간이 흐른 후 미국 뉴욕을 강타하는 허리케인과 같은 엄청난 결과를 가져올 수 있다고 주장했다. 모든 결과의 시작이 작은 원인에서 시작된다는 나비 효과는 한 사람의 작은 변화의 몸짓이 가져올 엄청난 변화를 생각하게 한다.

리더십은 이렇게 한 사람의 작은 변화의 이야기에서 출발한다. 한 사람의 작은 꿈이 자신을 변화시킬 뿐만 아니라, 거대한 세상까지 변화시킬 수 있다는 '영향력'(influence)에 대한 것이다. 이 장에서는 리더십의 정의와 기초적인 이론들을 살펴보고자 한다.

1. 리더십의 정의

리더십에 대한 관심이 학문적으로 체계를 갖춘 것은 20세기에 들어와서의 일이다. 그 과정에서 혼란스러웠던 리더십의 개념들이 정리되기 시작했다. 그럼에도 불구하고 리더십을 한마디로 정의하기란 결코 쉽지 않다. 지금까지 출판된 리더십에 관한 책들을 살펴보면 저자마다 정의가 다르고, 리더십에 대한 개념을 분명하게 설명하지 않은 책들도 많다. 그렇다면 과연 리더십은 무엇을 의미하는 것일까?

우리가 일반적으로 사용하는 리더십(leadership)이라는 단어는 다음의 세 가지 용도로 사용된다.

① 지도자로서의 지위 : "그는 대통령으로서의 리더십을 수행하고 있다.""정당의 지도권(leadership)을 놓고 다투다."
② 지도자로서 갖추어야 할 덕목, 특성, 행동, 지도자 상(像) : "그는 섬김의 리더십이 있다."
③ 지도력, 지도성, 지휘력, 통치력, 선도력 : "그는 리더십이 있다.""문제 해결에 강력한 리더십을 발휘하다."

혹자는 리더십에 대한 정의가 리더십을 연구하는 사람의 수만큼이나 많다고 한다. 그만큼 리더십을 보는 관점이 다양하다는 말이다. 몇 가지 예를 들어보자.

테드의 정의에 의하면, "리더십이란 사람들이 목적에 도달하려는 욕구를 갖는 어떤 목표를 향할 수 있도록 협동하게 하는 데 영향을 주는 행동이다."[1] 허시는 "리더십이란 어떠한 상황하에서 목적 달성을 위하여 개인 또는 집단의 제 활동에 영향을 주는 과정"이라고 정의한다.[2] 관계적 관점에서 볼 때, 월터는 "리더십은 한 사람이 다른 사람의 생각과 행동, 신념 또는 가치관에 영향을 미치고자 하는 관계"라고 말한다.[3] 이 몇 가지 정의들을 보면 저자가 어떤 요소를 중요하게 보는가를 미루어 짐작할 수 있다. 그러나 이러한 정의들을 처음으로 접하는 사람들은 당혹감을 느끼게 될 것이다.

이에 비해 존 맥스웰은 우리에게 간결하면서도 명확한 리더십 개념을 제시한다. 그에 따르면 "리더십이란 다름 아닌 영향력"에 대한 이야기다.[4] 모든 리더는 따르는 자들에게 영향을 준다는 것이다. 다른 저자들이 많은 개념들을 한 정의에 포함시키려고 하는 반면에, 맥스웰은 리더십의 간결한 이미지를 떠올리게 한다. 독자들은 이 이미지를 바탕으로 무엇이 따르는 자들에게 영향을 주게 만드는지, 어떻게 따르는 자들에게 영향을 줄 것인지를 정리해 나가면 된다.

제임스 헌터는 그의 책 「서번트 리더십」에서 이를 더 부연설명하고 있다. 그에 따르면 리더십은 관리와 다르다. 오히려 리더십의 동의어는 영향력이다.

"리더십은 사람들의 가슴과 머리, 창의성, 뛰어난 능력과 다른 여러 가지 자원을 공동의 목표를 위해 기꺼이, 열정적으로 투여하도록 영향력을 행사하는 과정이다. 리더십은 사람들에게 자신의 사명을 위해 헌신하도록 영향력을 행사하는 과정이다. 리더십은 사람들에게 최선의 '나' 가 되도록 영향력을 행사하는 과정이다. 그러므로 리더십과 관리는 동의어가 될 수 없다. 리더십의 동의어는 바로 영향력이다."[5]

워렌 베니스에 의하면 리더십 논의에서 얻을 수 있는 통찰들은 다음과 같다.[6]

① 리더십은 '영향력,' '변화시키는 능력' 과 관계있다.
② 리더십은 리더의 확고한 비전과 목표를 요구한다.
③ 리더십에는 리더와 따르는 자 사이의 관계가 중요하다.
④ 리더십은 상황의 변수를 고려해야 한다.

정리하자면, 리더십은 특정한 상황 속에서 한 집단 또는 조직의 통일을 유지하며, 목표를 달성하기 위해서 리더가 따르는 자들에게 영향력을 행사하는 과정이라고 정의할 수 있다. 리더십은 리더, 따르는 자들, 그리고 상황이 맞물려서 상호작용을 하는 가운데 나타나는 현상이다. 그러므로 리더십은 특정한 상황 속에서 집단이나 개인에게 나아가야 할 목표나 방향을 창조적이고 설득력 있게 제시함으로써 따르는 자들로 하여금 기꺼운 마음으로 그 방향으로 나갈 수 있도록 하는 능력과 관계가 있다.

2. 전통적인 리더십 이론들

20세기에 들어와 과학적인 리더십 연구가 진행된 이래 1980년대 이전까지의 연구를 대표하는 이론들로는 '특성이론'(trait theories), '행동이론'(behavioral theories), '상황이론'(situational theories)이 있다. 각 이론들의 특징을 살펴보자.

1) 특성이론

20세기 리더십 이론 중에 가장 먼저 등장한 것이 특성이론이다. "리더의 어떤 특성이 위대한 리더를 만드는가?" 이것이 그들의 주된 관심이었다. 그러므로 1930년대의 리더십 연구는 리더와 따르는 자를 구분 짓게 만드는 특성을 찾아내는 데 집중했다. 그들은 리더가 따르는 자들에 비해서 특별히 구별되는 자질과 능력을 소유하고 있다는 가정하에서 연구를 진행시켰다. 리더의 성격, 동기, 가치관, 능력 등은 따르는 자들의 그것과 다르다는 것이다. 그렇기 때문에 이들은 '리더는 타고 난다'고 생각했다. 연구자들은 위대한 리더들의 타고난 자질이나 특성을 연구하였기 때문에 '위인이론'(the great man theory)은 그들을 특징짓는 이론이 되었다. 이러한 관심은 리더의 선천적이고 내재적인 특성과 자질에 대한 연구로 이어졌는데, 자신감, 에너지 수준, 인내력, 강한 욕구와 동기, 용감함과 같은 리더의 성격적 특징과 지적 능력, 대인관계 능력, 관리 능력, 설득력, 경청력과 같은 기량적 특징에 대한 연구는 그 예다.

이들의 노력에도 불구하고 특성이론은 현실에 적용하기 어렵다는 평가를 받아왔다. 전설과도 같은 모든 덕성과 능력을 갖춘 리더는 없기 때문이다. 그들의 연구는 리더의 바람직한 특성들을 집대성한 제안에 불과했다. 그러므로 20세기 중반에 오면서 리더십 특성의 보편성을 향한 다양한 비판이 제기되었다. 예를 들면 한 사람의 리더가 그처럼 다양한 특성들을 모두 갖출 수 있는가? 상황에 관계없이 그와 같은 리더십 특성들이 모두 다 필요한 것인가? 리더의 특성들은 타고나는 것인가, 아니면 후천으로 계발될 수 있는 것인가? 다양한 변수들을 간과한 채 리더에게만 집중된 리더십 이론이 현실적으로 대답을 줄 수 있는가?

그 결과 특성연구는 1950년대 이후 쇠퇴하는 경향을 보이다가, 최근에 다시 '리더십 역량'(leadership competencies)에 대한 연구로 그 맥을 잇고 있다. 최근의 연구는 사람들이 특정 과업을 수행하기 위해서는 그에 맞는 역량이 필요하다는 점에 관심한다. 이 분야의 연구는 기업이나 단체들의 관심과 일치하기 때문에 활발히 진행될 수 있었고, 특정한 과업을 수행할 적절한 사람을 선발하기 위한 다양한 '특성 측정'(traits assessment) 도구들이 개발되었다.

현대의 특성이론은 보다 종합적인 맥락에서 상호보완적인 제안을 한다. 즉 리더는 선천적 특성들도 중요하지만, 후천적으로 형성되는 가치관, 지식, 리더십 스킬 등과 같은 특성들 역시 필요하다는 것이다. 또한 최근의 특성이론은 상황이론과도 접목하여 특정한 상황에 필요한 리더십의 특성들을 밝히는 데도 관심하고 있다.

2) 행동이론

1940~50년의 행동주의 심리학과 교육학적 배경에서 등장한 행동이론은 효과적인 리더의 행동 스타일과 행동패턴에 관심했다. 그러므로 연구자들은 관찰 가능한 외형적 행동유형을 측정하고 평가하는 데 많은 시간을 사용했다.

주요 연구 분야로는 '리더십 역량 연구'(the skills approach)가 있다. 이 분야의 연구들은 리더의 지식, 전문적인 기술(technical skill), 인간관계기술(human skill), 개념적 기술(conceptual skill) 등 리더의 역량이 리더십에 중요한 변수가 된다는 것을 강조했다.[7]

또한 리더의 행동을 강조한 '리더십 유형 연구'(the style approach)가 진행되었는데, 이들은 다양한 상황에서 리더의 행동들을 분석했다. 이 과정의 대표적 산물은 리더의 행동을 '과업 행동'(task behavior)과 '관계성 행동'

(relationship behavior)으로 구분하는 것이다. 이 연구의 주된 관심은 그 효과성에 있었는데, 그 결과 이상적인 리더는 두 행동의 축 안에서 균형과 조화를 이뤄간다는 점을 발견했다. 즉 리더는 이들 두 행동유형 사이에서 적절하게 자신의 리더십을 변화시켜 감으로써 따르는 자들이 과업목표를 달성하도록 이끌어야 한다.

행동이론의 주장대로라면 어떤 사람이라도 효과적인 리더십을 창출할 수 있는 행동패턴을 익히면 영향력 있는 리더십을 수행할 수 있게 된다. 즉 리더는 태어나는 것이 아니라 훈련을 통해 '만들어진다.' 오늘날에도 이러한 관점의 리더십 연구들은 리더들의 효과적인 행동패턴들을 연구하고 이 패턴들을 새로운 리더들을 훈련시키는 데 사용한다.

그러나 실제적인 현장에서 리더들의 여러 행동 범주들을 비교하고 통합, 분류하기란 결코 쉬운 작업이 아니다. 또한 리더의 행동유형을 연구하는 학자들의 수만큼이나 상이한 결과들이 발표되었고, 각자의 연구 방법에 따라 서로 다른 분류와 명칭들이 나타나게 되었다. 더 나아가서 행동이론의 많은 연구가 리더와 따르는 자들 사이의 관계에만 관심을 집중한 나머지, 더 많은 다양한 매개변수들의 영향을 간과했다는 문제가 제기되었다. 리더십이 발휘되기 위해서는 리더의 행동뿐만 아니라 수많은 상황적 요인들, 즉 조직 문화와 구조의 변화, 세상 문화와 조직의 변화, 그에 따른 전략의 변화 등 수많은 변수들이 고려되어야 한다. 이러한 행동이론의 한계들은 상황이론을 요청하게 된다.

3) 상황이론

특성이론이 보편적인 리더의 특성에 대한 이론을 정립하려고 했고, 행동이론이 리더의 효과적인 행동유형을 파악하려는 시도를 했다면, 상황이론은 리더십에 영향을 미치는 환경적인 요인에 관심했다.

상황이론에 의하면 리더십 효과는 상황의 변화에 영향을 받는다. 즉 상황의 변화에 따라 효과적이던 리더십이 그 영향력을 상실할 수도 있고, 그 반대도 가능하다. 또한 상이한 상황은 상이한 유형의 리더십을 요구한다. 그러므로 모든 상황에 적합한 리더는 없다. 대기업 CEO라는 역할을 수행할 리더십과 농촌 교회 담임목회자의 리더십은 다르다. 우열에 대한 문제가 아니라 상황이라는 변수는 서로 다른 리더십을 요구하기 때문이다. 이러한 관점에서 보면 영웅은 시대가 만든다. 만약 마틴 루터가 한 세기 먼저 종교개혁을 단행했다면 그는 결코 성공할 수 없었을 것이다. 그러므로 영향력 있는 리더가 되기 위해서는 상황적 요소를 분명히 이해하고 그 상황적 요구에 응답할 수 있어야 한다.

이러한 연구의 예로는 리더가 그의 리더십을 적절한 상황에 적합시켜야 한다는 주장을 한 1960년대 피들러(Fiedler)의 '상황적합이론'(contingency theories)이 있다. 1970년대 하우스(House)의 경로-목표이론(path-goal theory)도 그 한 예다. 이들은 리더와 따르는 자를 각각 원인변수와 결과변수로 놓고, 그 사이에 리더와 구성원 간의 관계, 하위자의 특성, 과업환경과 구조, 직위권력 등과 같은 상황적 조절변수나 하위자의 동기유발에 관련된 지각(perception)과 같은 매개변수들을 대입시키면서 그 영향력의 변화를 연구했다.

상황에 따른 융통성을 강조하는 상황이론은 리더십 연구를 수행함에 있어서 보다 실제적이고 유연한 이론을 개발하는 데 많은 기여를 했다. 그 결과 상황이론은 위의 다른 두 이론들보다 더 광범위하게 리더십 훈련에 적용되고 있다. 그러나 상황이론도 실제 상황에 적용될 때는 확실한 예측에 한계를 드러냈다. 상황변수가 너무도 많았기 때문이다. 리더십 효과가 상황에 따라 달라진다는 그들의 주장이 리더십 연구에 중요한 공헌을 했지만, 가능한 모든 변수들을 대입해볼 수 없는 상황에서 리더십을 정확하게 예측하는데는 큰 도움이 되지 못했다.

3. 최근의 리더십 이론들

1980년대에 들어서면서 위의 이론들을 보완하는 연구들이 나타나게 되었다. 이들 연구들은 전통적인 리더십 이론들을 대체한다기보다는 그것들을 더욱더 현장에 맞는 이론으로 확장시켰다고 보는 것이 옳다. 그러므로 새로운 연구는 상황의 다양성에 따라 다양한 형태로 전개되어 갔다. 그 몇 가지 흐름들을 살펴보자.

첫째로 그 동안 중소 조직 안에서 연구되었던 전통적인 리더십 이론은 급변하는 사회 변화에 대처하는 리더십에 대해 큰 대답을 할 수 없게 되었다. 계속적으로 예상치 못한 상황이 전개되는 기업문화와 사회기관에서 위험을 무릅쓰고 단체를 이끌고 가야 하는 리더들에게는 이러한 상황에 대처하는 리더십, 즉 변화를 주도하는 리더십이 필요하게 되었다.

둘째, 이렇게 급변하는 상황에서 기존의 조직은 그 기능을 상실하게 되었다. 변화에 대처하기 위해서 조직의 혁신이 필요하게 되었고, 리더는 전통적인 조직을 혁신하는 역할을 감당해야 했다. 이러한 조직의 요청은 '변혁적 리더십'(transformational leadership)에 대한 관심으로 나타났다. 변혁적 리더십은 강력한 비전과 열정으로 따르는 자의 정서, 가치관, 윤리, 행동규범, 그리고 장기적 목표에 도전을 함으로써 따르는 자들로 하여금 전혀 예측치 못한 업적을 달성하도록 이끌 뿐만 아니라, 조직문화 전체를 변혁하는 리더십을 말한다.

셋째, 새로운 시대의 리더십은 따르는 자들과 꿈과 열정을 공유하는 가운데 따르는 자들의 능력을 극대화하는 것을 강조한다. 즉 '리더십의 정서적인 측면'이 새로운 관심의 대상이 되었다. 기업에서는 '펀(fun) 경영'이 기업의 리더십과 문화를 바꾸고 있고, 열정과 비전을 공유하는 히딩크와 오바마의 리더십이 주목을 받고 있다. 리더십 연구도 따르는 자들의 비전이나 업무에 대한 열정 증진, 업무에 몰입하기, 개인적·집단적 자기 유능감의 증진, 따르는 자들의 역량 강화 등의 주제를 심도 있게 다루게 되었다.

넷째, 산업사회의 피라미드형 리더십 구조가 후기산업사회에 들어오면서 변화하고 있다. 위로 갈수록 그 수가 줄어들고, 수직적인 상하관계가 강조되며, 다단계의 명령체계를 가졌던 산업사회의 전통적인 리더십 구조는 후기산업사회의 빠른 변화에 대처할 수 없었다. 이제는 수평적 리더십, 팀 리더십 등 보다 수평적이고 간소화된 명령체계를 가진 리더십 구조를 통해 자신들에게 직접적으로 주어진 과제를 빠르게 수행해 내는 리더십이 필요하게 되었다. 더 나아가서 리더가 따르는 자들에게 리더십을 위임하고, 그 일을 감당할 수 있도록 역량을 강화해 주며, 더 큰 일을 하도록 섬기는 리더십이 효과적이라는 사실을 깨닫기 시작했다. 이제 섬기는 리더십은 비단 종교적인 영역에서 벗어나 세상의 기업이나 기관들에서도 쉽게 받아들여지고 있다.[8]

다섯째, 보다 구체적인 영역에서 자신만의 독특한 리더십을 발휘해야 하는 리더에게 어느 분야에서나 받아들일 수 있는 보편적인 리더십은 의미를 상실하게 되었다. 이제 리더십 연구는 개인의 특성과 강점에 집중하게 되었고, 개인적 능력을 극대화시키는 리더십에 대해 연구하기 시작했다. 그 결과 성격유형, 기질, 강점, 능력에 대한 연구가 심도 있게 진행되었다. 개인의 특성과 강점에 대한 연구는 따르는 자들에 대한 이해도 변화시켰다. 따르는 자들을 하나의 독특한 독립체로 보기 시작했고, 그들의 강점을 살려주면서 팀워크를 통해 시너지를 창출하는 것이 보다 효과적임을 인식하게 되었다.

4. 리더십의 주요 변수들

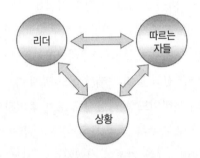

　지금까지의 리더십 이론을 통합적으로 이해하고, 보다 효과적인 리더십에 대해 연구하기 위해서는 리더십에 영향을 미치는 중요한 변수들을 설정하고 그 관계를 규명해야 한다. 리더십 효과는 리더, 따르는 자들, 상사, 동료, 조직, 부과된 임무, 정해진 시간 등 다양한 요소들의 상호작용 속에서 결정된다.[9] 그러나 이 모든 변수들을 다루는 것은 불가능하며, 비효율적이기도 하다. 이 책에서는 수많은 리더십 변수들 가운데 가장 중요한 세 변수들에 집중하려고 한다. 그것은 '리더,' '따르는 자,' 그리고 '상황'이라는 변수들이다. 이 변수들은 상호 영향을 주고받으면서 밀접한 관계를 형성한다. 따르는 자들 없는 리더가 없고, 그 반대도 불가능하다. 또한 상황을 벗어난 리더와 따르는 자들의 관계도 생각할 수 없다. 이제 그 변수들의 관계를 구체적으로 살펴보기로 하자.

1) 리더 변수

　같은 조건의 상황에서도 리더가 누구냐에 따라 결과가 다르게 나타난다면, 리더는 리더십 역동에 있어서 중요한 변수다. 그러므로 '리더' 변수를

'따르는 자', '상황' 변수들과의 관계 속에서 살펴보자.

첫째, 리더는 따르는 자들에게 영향을 끼침으로써 그들을 리더가 의도하는 방향으로 이끈다. 리더가 영향을 주는 데는 여러 가지 방법이 있다. 그 기본적인 방법들로는 아래와 같은 것들을 생각할 수 있다.

① **모범** : 리더가 스스로 본을 보임으로써 따르는 자들로 하여금 그 길을 가도록 한다.

② **제언** : 리더의 생각이나 의견을 제시하여 따르는 자들에게 영향력을 끼치도록 한다.

③ **설득** : 보다 적극적으로 상대편의 생각을 바꾸도록 노력한다.

④ **강요** : 상이나 벌 등을 사용함으로써 구성원의 행동을 강제적으로 이끌어낸다.

그런데 포스트모던 사회로 갈수록 사람들은 업무를 중심으로 지시 명령을 하는 관리자형 리더보다는 비전 제시형 리더를 선호한다. 이러한 비전 제시형 리더에게는 따르는 자들이 움직여 가야 할 거시적인 틀, 방향, 그리고 명확한 목표를 제시할 수 있는 능력이 중요하다. "리더란 꿈을 이야기하고 그것을 실현시키는 스토리를 만들어갈 수 있는 사람이다. 부하에게 '이렇게 되자'고 비전을 제시하고, 그것을 달성하기 위해서 '이렇게 하면 된다'라는 프로세스를 보여주는 능력"이 리더십의 핵심이다.[10]

둘째, 리더는 상황 변수에도 영향을 준다. 리더의 사고방식, 행동양식, 리더십 스타일은 조직의 풍토와 환경, 체질을 형성한다. 이는 따르는 자들로 하여금 리더의 리더십 스타일에 쉽게 따라갈 수 있는 분위기를 형성하거나, 점점 불신관계로 치닫는 분위기를 만들기도 한다. 리더가 형성할 수 있는 풍토 중에 중요한 것들로는 자유도, 책임감, 목표감, 공평감, 방향감, 일체감

등과 같은 것들을 고려할 수 있다.[11] 또한 리더가 급변하는 상황 속에서 다양한 그룹의 사람들에게 적절하게 영향을 미치기 위해서는 복수의 리더십을 상황에 맞춰 적절히 사용하는 것이 중요하다. 더 나아가서 상황의 다양성과 변화에 적절히 응답할 수 있는 '상황대응형' 리더십도 변화하는 이 시대에 리더가 갖춰야 할 중요한 능력이다.

2) 따르는 자들 변수

리더십에 대한 이해를 위해서는 따르는 자들에 대한 이해가 필수적이다.[12] 리더는 혼자서 리더가 될 수 없기 때문이다. 리더는 따르는 자들에게 영향을 미칠 수 있지만, 따르는 자들에게 인정을 받는 한에서만 영향력을 행사할 수 있다. 따르는 자들은 자신들의 세계관, 가치관, 규범들을 바탕으로 리더를 평가하며 자신들이 보기에 합당한 상태에서 리더의 제안을 여러 가지 방법으로 수용한다. 그러므로 리더와 따르는 자들은 상호 영향을 주고받는 관계를 형성한다. 영향력 있는 리더십은 따르는 자들을 고무시키며, 열렬하게 따르는 자들은 리더십을 고무시킨다. 그러므로 리더나 따르는 자들 양쪽 모두의 이해 없이는 리더십을 논할 수 없다. 리더는 리더 자신과 따르는 자들 모두의 동기와 가치를 파악하고 양자 모두의 필요를 실현하도록 노력해야 한다. 이렇게 볼 때 리더가 따르는 자들을 변화시킨다는 말은 서로 간의 공유된 목적을 추구한다는 것을 뜻한다. 사람이 무엇 때문에 움직이는가를 생각한다면, 따르는 자들의 욕구나 삶의 목적과 분리되어서 리더십을 이야기할 수 없다. 따르는 자들을 구분 짓는 변수들로는 다음과 같은 것들을 고려할 수 있다.

① **집단의 성격** : 따르는 자들의 집단적 성격이 중요하다. 군대, 기업, 종

교단체, 사회사업단체, 청년자치단체, NGO 등 집단의 성격에 따라 리더십의 유형도 달라져야 한다.

② 크기 : 따르는 자들의 크기도 중요하다. 소규모 집단의 리더십이 다르고 수천, 수만 명이 되는 집단의 리더십이 다르다.

③ 형태 : 리더를 따르는 형태도 다양하게 나타난다. 켈리는 이들을 도제(apprentice), 신봉자(discipline), 멘티(mentee), 동지(comrade), 충성파(loyalist), 꿈꾸는 자(dreamer), 삶의 방식(lifeway) 등으로 구분한다.[13)]

또한 켈리(Kelly)는 네 가지 변수들에 따라 따르는 자들을 다섯 가지로 분류하기도 한다. 네 가지 변수들은 두 축을 이루는데, 그 하나는 따르는 자들이 독립적이고 비판적인 사고를 하느냐 아니면 의존적이고 무비판적으로 사고하느냐에 관한 것이고, 다른 하나는 참여도에 있어서 적극적이냐 수동적이냐에 관한 것이다. 이에 따른 도표는 다음과 같다.

팔로어의 유형

이러한 구분에 따라 다섯 가지 유형의 따르는 자들의 그룹들이 형성되는데, 그 그룹들은 소외형 팔로어(alienated followers), 순응형 팔로어(yes man followers), 실무형 팔로어(sheep followers), 수동형 팔로어(passive followers), 그리고 모범형 팔로어(exemplary followers) 등이다.

① 소외형 팔로어 : 독립적이고 비판적인 사고는 가지고 있지만 자신의 역할 수행에 있어서는 적극성을 띠지 않는 사람들이다. 유능하지만 냉소적이어서 대체로 모임의 외부에서 비판자로 남아 있을 가능성이 많다.

② 순응형 팔로어 : 소외형 팔로어의 반대 입장에 있는 그룹으로서 적극적으로 참여하지만 독립적인 사고라는 측면에서는 리더의 판단에 지나치게 의존하는 특징이 있다.

③ 수동형 팔로어 : 독립적인 사고도 하지 않고 참여도 역시 저조한 그룹이다.

④ 실무형 팔로어 : 리더의 결정에 의문을 갖기는 하지만 비판적이지는 않고, 명령받은 일은 잘 감당하지만 그 이상의 일은 하려고 하지 않는 사람들이다.

⑤ 모범형 팔로어 : 독립적이고 자주적으로 사고하면서도 적극적으로 활동에 참여하는 사람들로서 팔로어십의 두 가지 요구사항을 잘 소화하는 그룹이다.[14]

리더의 영향력 행사의 결과 따르는 자들은 여러 가지 형태로 리더를 따르게 된다. 기본적인 형태는 다음과 같다.

① 복종 : 리더가 제시하는 길에 대해서 받아들이고 순종하는 것으로서, 내면적인 변화가 따라오지 않을지라도 복종은 일어날 수 있다.

② 동일시 : 리더의 매력에 끌려서 리더를 닮아가고자 자신을 변화시키는 것으로서 외부적인 면이 더 강조될 수 있다.

③ 내면화 : 리더의 생각과 가치관을 자신의 것으로 받아들이는 것으로서, 보다 근본적인 변화를 의미한다.

이러한 관계 속에서 리더와 따르는 자들 양쪽 모두는 함께 변화되어 간다. 그러므로 리더는 따르는 자들을 공동의 창조자로 인정해야 하며, 그들과 파트너십을 형성함으로써 따르는 자들이 수행할 수 있는 일들을 더욱더 창조적으로 성취할 수 있도록 도와주는 자가 되어야 한다.

3) 상황 변수

리더십을 논함에 있어서 상황도 매우 중요한 고려 대상이다. 리더십은 리더의 특성이나 행동, 또는 따르는 자와의 관계로부터 영향을 받지만, 이와 못지않게 상황에 의해서도 영향을 받기 때문이다. 상황이론에 의하면 상황에 따라 효과적인 리더십이 달라진다. 즉 구체적인 상황이 특정한 리더십 스타일을 요구하고, 그 스타일에 적합한 리더가 효과적인 리더십을 발휘할 수 있다. 그러므로 이 세상에서 가장 이상적인 리더십 스타일에 대해서는 단정적으로 말할 수 없다. 환경과 그 안의 사람들에 따라 필요가 다르고 그 필요를 채워주는 리더십 스타일도 다르기 때문이다. 농촌 상황과 도시 상황에서의 리더십이 다르고, 평화 시의 리더십과 전쟁 시의 리더십이 다르며, 미국에서 효과적인 리더십과 한국에서 효과적인 리더십이 다르다. 위에서 따르는 자들의 집단적 성격 - 군대, 기업, 종교단체, 사회사업단체, 청년자치단체, NGO 등 - 을 언급했는데, 이러한 집단들은 그들만의 독특한 상황적 특징을 가지고 있다. 그렇기 때문에 상황 변수들은 리더십 연구에 있어서 매우 중요한 역할을 한다.

특히 후기산업사회로 들어서면서 사회적 상황은 급변하고 있고 이러한 상황의 변화는 새로운 리더십을 요구하고 있다. 피라미드형의 조직구조가 와해되면서 수직적 권위의 리더십이 수평적 리더십으로 바뀌고 있고, 섬기는 리더십, 팀 리더십, 코칭 또는 멘토링 리더십과 같이 따르는 자들을 세워

주는 리더십이 주목을 받고 있다. 따르는 자들을 사랑하고 그들을 위해 일할 수 있는 리더가 인정받는 사회가 된 것이다.

또한 급변하는 사회 속에서 정치적 동맹관계가 하루가 다르게 변하는 이 사회 속에서, 사람들은 믿을 수 있는 리더를 애타게 찾고 있다. 자신이 말한 것을 지키고, 정의와 원칙을 지켜나가는 리더가 요청되고 있다.[15] 미래사회의 리더는 도덕적으로도 깨끗해야 한다.

경제적으로도 현대인들은 물질적인 보상만 보고 리더를 따르지는 않는다. 사람들은 직장이 자신에게 주는 의미와 자신의 열정을 바칠 만한 가치에 대해 질문하기 시작했다. 이제 현대인들에게 일이란 자신들의 풍성한 삶을 보장하기 위해 존재한다. 그렇기 때문에 기업 안에서 리더를 향한 직원들의 기대도 달라지고 있다. 이제 경제계의 리더는 단순한 이익 창출을 넘어서 따르는 자들의 삶의 차원을 볼 수 있어야 한다.

세상의 모든 상황에 적용 가능한 리더십 원리는 없다. 또한 모든 상황에 자신을 맞춰갈 수 있는 리더도 없다. 그러나 유능한 리더는 상황을 자신이 감당할 만하게 변화시킨다. 발생하는 현상에 대처하는 데 급급하기보다는 자신이 의도한 어떤 일들이 벌어지도록 유도한다. 새 시대에는 자신의 비전에 따라 상황을 이끄는 리더십이 중요하게 될 것이다.

5. 되짚어보기

이 장에서는 리더십을 정의하기 위해서 여러 학자들의 정의들을 살펴보았다. 그리고 리더십이란 특정한 상황 속에서 한 집단 또는 조직의 통일을 유지하며, 목표를 달성하기 위해서 리더가 따르는 자들에게 영향력을 행사하는 과정이라고 정리했다.

또한 20세기에 들어서 진행되었던 리더십 연구의 흐름을 살펴보았다. 특성이론, 행동이론, 상황이론의 특징들을 살펴보면서 리더십 연구의 흐름을 알 수 있었다. 그리고 21세기에 들어와서 진행되었던 리더십 연구의 새로운 주제들을 살펴보면서 독자들이 또 한 사람의 리더로서 관심하고 준비해야 할 분야들에 대해 논했다.

더 나아가서 이 장은 리더십의 역동성을 만들어내는 중요한 세 변수들의 특성들과 다른 변수들과의 관계에 대해 살펴보았다. 각 변수마다 너무도 많은 경우의 수들이 있기 때문에 리더십의 관계성에 대해서 단순화시켜 설명할 수 없는 것은 너무도 당연하다. 다만 리더는 이 변수들의 상호관계가 각변수들의 상호변화, 영향력의 크고 적음에 영향을 끼친다는 사실을 이해하는 것이 중요하다.[16]

내 것으로 만들기

1. 이 장에서 언급한 리더십에 대한 정의를 고려하면서, 자신의 표현으로 리더십을 정의해 보라.

2. 리더십 연구의 흐름을 고려하면서, 21세기에 필요한 리더십에 대해 기술해 보라.

3. 리더십의 중요한 세 변수를 생각하면서 자신이 새롭게 깨달은 것들을 언급해 보고, 그것을 자신의 리더십에 어떻게 적용할 것인지 기술해 보라.

2

사명 리더십

말씀 묵상

"여러 계시를 받은 것이 지극히 크므로 너무 자만하지 않게 하시려고 내 육체에 가시 곧 사탄의 사자를 주셨으니 이는 나를 쳐서 너무 자만하지 않게 하려 하심이라 이것이 내게서 떠나가게 하기 위하여 내가 세 번 주께 간구하였더니 나에게 이르시기를 내 은혜가 네게 족하도다 이는 내 능력이 약한 데서 온전하여짐이라 하신지라 그러므로 도리어 크게 기뻐함으로 나의 여러 약한 것들에 대하여 자랑하리니 이는 그리스도의 능력이 내게 머물게 하려 함이라 그러므로 내가 그리스도를 위하여 약한 것들과 능욕과 궁핍과 박해와 곤고를 기뻐하노니 이는 내가 약한 그 때에 강함이라"(고후 12:7~10).

앞 장에서 리더십의 기본적인 개념들과 이론들을 살펴보았다. 그렇다면 이러한 세상의 리더십과 크리스천 리더십의 차이는 무엇인가? 이 질문에 대답을 찾기 위해 위의 말씀 묵상 본문과 함께 바울의 리더십을 생각해 본다.

바울은 당시 유대교 공동체에서 특별한 혜택을 받은 소수의 사람 중 하나였다. 종교적으로는 바리새인 중의 바리새인이었고, 학문적으로는 당대의 유명한 학자인 가말리엘의 문하생이었다. 게다가 로마의 시민권까지 있었기 때문에 많은 사람들의 부러움을 샀을 것이다. 그리스도인이 된 후에도 그는 영적으로 크나큰 은혜를 받아서 삼층천까지 경험했던 사람이다.

그러나 그에게 풀리지 않는 문제가 있었는데, 그것은 그의 몸에 가시가 있는 것이었다. 이 가시가 무엇이었는가에 대해서 여러 가지 주장이 있지만, 어찌되었든 기적과 이사를 보이고 능력의 말씀을 전하던 바울에게 이 몸의 가시는 이해할 수 없는 것이었다. 그래서 그는 이 병의 치유를 위해 세 번을 간절히 기도했다. 보다 능력 있는 사역과 효과적인 선교를 위해서 병이 낫게 해달라고 하는 것은 당연한 요구였다.

현대에도 많은 사역자들이 자신에게 능력이 있어야 한다고 생각한다. 유능한 사역자가 교회를 성장시키고 선교사역을 확장하는 것처럼 보이기도 한다. 그래서 리더십 훈련을 할 때면 인위적으로 영향력을 늘릴 수 있는 방법에 대해 강조할 때가 많다. 사역자들은 비전을 확실히 하고, 사명 선언문을 작성하고, 목표를 설정하고, 경영능력을 배가하는 것에 힘쓴다. 물론 그렇게 하지 않은 사람들보다 그들은 한 차원 높은 사역을 할 수 있다. 그러나 이러한 리더십은 세상의 리더십과 크게 다르지 않다.

그런데 우리는 성서에서 그와는 다른 차원의 리더십을 본다. 그것은 사랑으로 낮아지고 섬기는 리더십이다. 예수 그리스도는 섬김을 받으러 온 것이 아니라 섬기러 왔다고 선언한다. 그의 전 삶은 자신을 내어주는 사랑의 섬김 그 자체였다. 그런데 이상하게도 사랑으로 섬기는 리더십은 사랑의 영향력을 배가시킨다. 이는 움켜잡음으로 생기는 리더십이 아니라 내어줌으로써 시작되는 리더십이다. 우리는 예수 그리스도 외에도 프란시스, 마하트마 간디, 마틴 루터 킹, 마더 테레사를 볼 때 권력과 능력 지향적 리더들과는 전혀 다른 리더십을 본다. 그리고 이러한 리더십은 세상 사람들에게도 지울 수 없는 감동을 주고 영향력을 끼친다. 왜냐하면 이러한 사랑과 섬김, 그리고 자기희생이야말로 모든 사람들의 삶의 근간을 지탱하는 희망이요 바람이기 때문이다. 내어줌의 힘, 포기하는 힘이야말로 약한 것 같지만 가장 강력한 능력을 발휘한다.

그러나 한걸음 더 나가 보자. 그리스도인들이 사랑으로 섬기는 사역을 하다가 쉽게 지치는 이유는 그 사역을 자신의 힘으로 수행하기 때문이다. 사람의 능력에는 한계가 있다. 중요한 것은 하나님께 붙들림을 받아 하나님의 능력으로 사역을 하는 것이다. 내가 하는 것이 아니라, 내 안에 그리스도의 영, 곧 성령께서 하시면 된다. 자신의 힘으로 하려고 할 때, 지혜도 부족하고, 능력도 없고, 시간의 한계도 있고, 그래서 모든 것이 부실해진다. 그러나 하나님께 맡기면 그분은 기대 이상의 결과로 하나님의 일을 성취하신다. 병을 낫게 해 달라고 간절히 기도하는 사도 바울에게 주어진 응답은 "내 은혜가 네게 족하도다. 이는 내 능력이 약한 데서 온전하여짐이라"는 것이었다.

그러므로 크리스천 리더의 영향력은 자신의 힘으로 하려는 생각을 내려놓는데서 시작된다. 리더가 모든 일을 다 하려고 하면 할수록, 오히려 하나님께서 하실 일이 제한받는다. 그러나 기도하고 맡기면, 하나님께서 역사하신다. 이것을 깨달은 바울은 다음과 같이 고백할 수 있었다. "나의 여러 약한 것들에 대하여 자랑하리니 이는 그리스도의 능력이 내게 머물게 하려 함이라." 자신이 했다고 한 만큼 그리스도의 능력은 반감된다. 그러나 리더가 스스로 힘이 없다고 고백한 만큼 그리스도의 능력은 확장된다.

스스로 질문해 보자. 나는 자신의 힘으로 사역하는가, 아니면 그리스도의 능력으로 사역하는가? 고린도교회에 보낸 바울의 편지는 초대교회 교인들이 누구의 힘으로 사역했는지를 말하고 있다.

"형제들아 너희를 부르심을 보라 육체를 따라 지혜로운 자가 많지 아니하며 능한 자가 많지 아니하며 문벌 좋은 자가 많지 아니하도다 그러나 하나님께서 세상의 미련한 것들을 택하사 지혜 있는 자들을 부끄럽게 하려 하시고 세상의 약한 것들을 택하사 강한 것들을 부끄럽게 하려 하시며 하나님께서 세상의 천한 것들과 멸시 받는 것들과 없는 것들을 택하사 있는 것들을 폐하려 하시나니 이는 아무 육체도 하나님 앞에서 자랑하지 못하게 하려 하심이라"(고전 1:26~29).

그러나 오해하지 말라. 하나님께서 하시도록 내어드리라는 것이 자신이 노력을 하지 않아도 된다는 말은 아니다. 사실 사도 바울처럼 최선을 다해 일한 사람은 없다. 그는 바리새인이었을 때도 최선을 다해서 율법을 지켰다. 가말리엘의 문하생이 될 정도로 열심히 공부했다. 그리고 그리스도를 영접한 후에도 그는 최선을 다해 살았다. 그래서 그는 확신 있게 말할 수 있었다.

"전제와 같이 내가 벌써 부어지고 나의 떠날 시각이 가까웠도다 나는 선한 싸움을 싸우고 나의 달려갈 길을 마치고 믿음을 지켰으니 이제 후로는 나를 위하여 의의 면류관이 예비되었으므로 주 곧 의로우신 재판장이 그 날에 내게 주실 것이며 내게만 아니라 주의 나타나심을 사모하는 모든 자에게도니라"(딤후 4:6~8).

이렇게 말할 수 있는 사람은 많지 않다. 그의 노력을 따라갈 사람은 많지 않다. 그러나 그는 마지막 순간에 항상 잊지 않았다. 나는 내 힘으로 사역을 하는 것이 아니다. 그리고 그리스도의 능력은 내가 나를 부인하고 주의 도구가 되는 때 폭발적으로 일어난다. 이러한 리더십을 세상의 리더십이 어떻게 설명할 수 있을까? 이 책은 크리스천 리더십을 사명자의 리더십, 곧 사명 리더십이라고 부른다. 이제 그 사명 리더십에 대해 살펴보기로 하자.

1. 사명 리더십의 삼각뿔

세상 리더십이 리더, 따르는 자, 상황의 세 축 사이에서 논의된다면, 사명 리더십은 세 축 위에 하나님이 중요하게 자리 잡는다. 그리고 사명 리더는 하나님, 따르는 자, 상황 변수들과의 관계 속에서 자신의 리더십을 계발하고 발휘해 간다.[1]

① 사명 리더는 자신을 불러 세우신 '하나님' 과의 관계 속에서 리더로 성장해 간다.
② 사명 리더는 자신을 공식적인 혹은 비공식적인 리더로 바라보고 있는 '따르는 자' 들과의 관계 속에서 리더십을 형성해 간다.
③ 이러한 사명 리더 리더십은 세상으로까지 확대되어야 하고, 그 세상을 변화시킬 수 있어야 한다.

그러므로 사명 리더는 이 모든 변수들을 향해 독특한 방법으로 관계를 맺고 있는 '사명 리더 자신' 에 대해 이해해야 한다. 이 변수들의 관계적 틀은 다음과 같은 삼각뿔을 형성하게 된다. 이제 각 축들의 관계를 살펴보자.

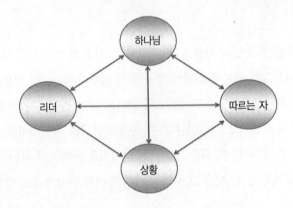

2. 선교하시는 하나님과 하나님 나라

하나님은 일반 리더십에서는 고려의 대상이 되지 않지만 사명 리더십에 있어서는 대단히 중요한 역할을 한다. 하나님은 사명 리더, 따르는 자, 상황 모두와 관계하며 영향을 주기 때문이다. 이 하나님 변수를 이해하기 위해서 먼저 '하나님의 선교'와 '하나님 나라' 개념을 이해하는 것이 중요하다.

1) 선교하시는 하나님(Missional God)

기독교 선교역사 속에서 교회는 하나님의 위임을 받아 복음전파의 사명을 감당한다고 생각되어 왔다. 그렇기 때문에 '위대한 위임'(the great commission) 또는 '위대한 명령'(the great command)은 교회가 감당해야 할 가장 중요한 선교적 주제였다. 그러나 현장에서 나타나는 선교의 열매는 그렇게 바람직한 것만은 아니었다. 교단 간, 교파 간 분열과 싸움은 복음의 내용을 훼손해 버렸고, 복음의 걸림돌이 되었다. 또한 서로 간의 갈등은 교회 간의 통합된 협력과 총체적 선교의 기회를 앗아가 버렸다. 선교현장에서 나타나는 영역 싸움, 교인 빼앗기, 불필요한 힘의 낭비, 중복투자, 선교의 편중 등은 그 부정적인 예다.

1919년에 에든버러(Edinburgh)에서 있었던 세계선교대회는 과거 19세기의 선교를 평가하고 앞으로 20세기의 선교를 조망하기 위한 회의였다. 이 회의에 참가한 교회들은 선교현장에서 '교회 간의 협력'(ecumenism)이 필요함을 강력하게 천명하게 되었는데, 그 결과 생겨난 것이 '하나님의 선교'(Missio Dei) 개념이다. 후에는 복음주의 진영에서도 하나님의 선교(God's Mission)는 중요한 고백이 되었다. 그 결과 현대의 교회들과 선교단체들은 하나님 중심적인 선교를 강조하게 되었다. 선교를 이끌고 나가는 주체가 하나님이라는 고백이야말로 선교를 다시 생명력 있는 전 지구적 운동으로 바꿀 수 있으며, 그 안의 모든 교회들을 하나의 구심점을 향해 집중하게 만들 수 있다. 또한 하나님의 선교를 향한 고백은 '교회 중심적 선교'(church-centered mission)에서부터 '하나님 중심적 선교'(God-centered mission)로, 즉 교회 안으로 '모이는 선교'(come structure)로부터 세상으로 '흩어지는 선교'(go structure)로 전환할 수 있게 한다.[2]

특히 삼위일체 하나님의 총체적인 선교는 교회의 선교를 보다 총체적으로 이끌어준다. 하나님은 사랑이시다. 하나님은 열정의 하나님이시다. 온 천하와 우주는 하나님의 열정의 산물이다. 십자가는 하나님의 뜨거운 사랑과 구원의 열정의 결정체다. 성령도 불처럼 역사한다. 성령은 비전의 영이요, 열정의 영이시다.

이 땅에서 선교하시는 삼위일체 하나님의 사역은 크게 네 가지 개념으로 설명될 수 있다.

① 사랑 : 성서 전체에서 고백되고 있는 하나님은 사랑이시다. 이는 요한복음과 요한서신에 무엇보다 잘 기록되어 있다. 요한복음에서 하나님은 세상을 너무도 사랑하셔서 독생자를 주셨다.[3] 이 세상을 향한 하나님의 구원활동은 사랑이 원동력이 되어 움직인다. 멸망으로 치닫는 인간을 두고 볼 수 없어서 애타 하시는 하나님은 그중 사명을 감당할 만한 사람을 택해서 파송하신다. 그러나 선택함을 받은 사람들이 그 사명을 감당치 못할 때, 하나님은 자신의 독생자를 세상에 주셨다. 이처럼 사랑은 하나님을 움직이는 원동력이다.

② 섬김 : 하나님은 세상을 사랑하셔서 생명을 주시고, 유지하시며, 자연 만물을 운행하심으로 세상을 섬기신다. 더욱이 예수 그리스도가 세상에 오신 이유도 세상을 심판하기 위한 것이 아니라, 구원하고 생명을

더욱더 풍성하게 하기 위해서였다. 아들 예수 그리스도도 주위의 사람들을 구체적으로 섬기셨다. 병든 자를 고치시고, 배고픈 자를 먹이시며, 소외된 자의 친구가 되어 주시고, 꿈을 잃은 자들에게 꿈을 주시며, 하나님 나라의 소망을 품게 하셨다.

③ 희생 : 시편 23편에서 하나님은 푸른 초장으로 양을 이끄는 목자에 비유된다. 예수께서도 자신을 선한 목자에 비유하셨다. 진정으로 양을 사랑하는 선한 목자는 양을 사랑하고 양을 위해 목숨을 버린다. 예수 그리스도는 이 예언대로 십자가에서 자신의 생명을 주시면서 우리를 구원하심으로 섬기셨다.

④ 생명 : 예수께서 세상에 오신 것은 세상에 생명을 주기 위해서였다. 십자가에서 우리 죄를 대속하신 그분은 부활하셔서 영원한 생명의 소망이 되셨다. 성경은 예수 안에 생명 있다고 선언한다. 그리고 그 생명의 운동은 성령에 의해 이어진다. 성령 하나님은 사역자들과 동행하시며 영적 생명력으로 힘 있게 하신다.

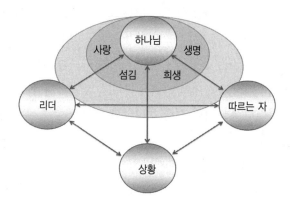

2) 하나님 나라

하나님 나라는 예수 그리스도의 메시지의 핵심에 있다. 그는 제자들이 추구해야 할 가장 중요한 것이 먼저 그의 나라와 그의 의를 구하는 것임을 강조하셨다.[4] 또한 우리가 늘 드려야 할 기도를 가르쳐 주시면서, 하나님의 나라가 임하고 뜻이 하늘에서 이룬 것같이 땅에서도 이루어지도록 간구하라고 하셨다.[5] 이 하나님 나라는 실로 예수님의 선포의 알파와 오메가였다. 그의 공생애를 시작하는 첫 선포는, 천국이 가까웠으니 회개하라는 것이었다.[6] 부활하신 그리스도께서 40일 동안 제자들을 가르치실 때도 하나님 나라의 일을 가르치셨다.[7] 예수께서는 하나님의 나라를 여러 비유를 들어 설명하셨다. 그중에 겨자씨와 누룩의 비유는 제자들이 자신을 희생하고 섬기면 큰 생명의 열매를 맺는다는 것을 강조하고 있다.[8] 또한 이 천국은 밭에 숨겨진 보화와 같아서 이를 발견한 사람은 자기 소유를 다 팔아 그것을 사게 된다.[9]

그렇다면 하나님 나라란 무엇일까? 성서에서 나라라는 뜻으로 사용되는 '바실레이아'(basileia)는 영토의 개념보다는 다스림, 또는 통치의 개념이 강한 단어다.[10] 즉 하나님 나라는 '하나님이 다스리시는 곳'이라는 의미로 이해될 수 있다. 하나님 나라를 구하는 삶은 교회, 가정, 직장, 이웃을 포함한 모든 삶의 영역을 하나님께서 다스리시기를 간구하면서 사는 것을 뜻한다. 그러므로 하나님 나라를 추구하는 사명 리더와 따르는 자는 자신들의 삶을 하나님께서 다스리시도록 내어놓는다. 그리고 하나님 나라가 이 땅에서도 이뤄지기를 간절히 소망하며 성령 하나님과 함께 세상을 섬기고 변화시켜 나가게 된다.

하나님의 선교와 하나님 나라 개념은 사명 리더와 따르는 자, 그리고 세상을 향한 하나님의 관심과 활동을 이해시켜 준다. 그리고 이것을 먼저 깨달은 리더는 하나님의 개입에 민감하게 되고, 따르는 자와 세상을 하나님의 뜻 가운데로 인도해 가기 위해 노력한다.

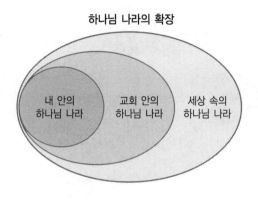

하나님 나라의 확장

내 안의
하나님 나라

교회 안의
하나님 나라

세상 속의
하나님 나라

3. 하나님 – 리더 – 따르는 자

　이제 각 변수들의 관계 속에서 생각할 수 있는 여러 가지 문제들을 구체적으로 다뤄보자. 이를 위해 필자는 아래와 같은 그림을 그려 보았다. 이 그림에 따르면 사명 리더십에는 두 단계의 과정이 있다. 첫째는 하나님-리더, 리더-따르는 자, 따르는 자-하나님에 이르는 단계다. 그리고 둘째는 하나님-상황, 리더-상황, 따르는 자-상황의 단계다.

　그러면 먼저 첫째 단계를 다뤄보자. 그것은 아래와 같은 도표로 설명할 수 있다.

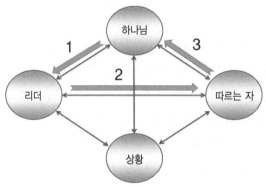

하나님

1

3

2

리더

따르는 자

상황

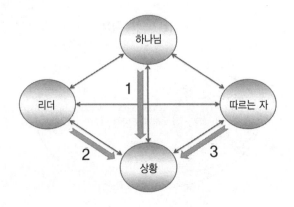

1) 하나님과 사명 리더

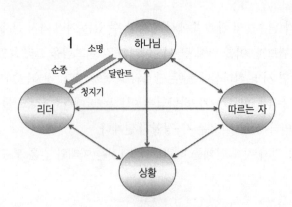

　　하나님과 사명 리더의 관계는 양방향으로 이루어진다. 먼저, 하나님은 당신의 선교를 이루기 위해서 사람들을 부르신다. 하나님은 따르는 자와 세상을 향한 당신의 뜻이 있고, 이러한 뜻을 이루기 위해 사명 리더를 세우신다. 이를 하나님께서 주신 '소명'(calling)이라고 한다. 세상 리더십은 스스로의 의지력과 능력만 있으면 얻을 수 있지만, 영적 리더십은 하나님이 리더를 지명하시고 그 사명을 정하신다. 이러한 부르심에 대한 응답으로 사명 리더는 '순종'의 삶을 산다. 그러므로 사명 리더는 자신의 리더십을 발휘함에 있어서 하나님의 뜻을 먼저 묻고, 그 뜻에 순종함으로써 그의 리더십을 수행해 간다. 이렇게 볼 때 사명 리더는 하나님의 뜻에 순종하기 위해서 모든 인간적인 유익을 포기할 수 있는 사람이어야 한다.[11]

이러한 사명 리더는 따르는 자들에 의해 세워지기 이전에 하나님에 의해서 선택되고 세워진다. 즉 사명 리더의 영적 사역의 위치와 리더십은 하나님에 의해 지정된다.[12] 하나님께서는 기꺼이 순종하려는 사람들에게 성령으로 임재하시고, 영적인 힘을 부여함으로써 그들을 세우신다.

이러한 사명 리더의 영적 권위는 하나님의 부르심에 대한 인간적인 응답이 따를 때에만 가능하다. 즉 영적 권위는 하나님께 순종하는 영성, 피나는 훈련, 그리고 부지런함으로 인해 갖추어지게 된다. 이는 또한 많은 눈물과 기도를 필요로 한다. 그러므로 사명 리더는 한편에서는 하나님에 의해 선택되지만, 다른 한편으로는 자신의 순종과 수고로 만들어진다. 즉 사명 리더십은 그가 하나님께 순종하고 훈련받기를 원할 때 계발된다.[13]

로버트 클린턴은 그의 책 *The Making of a Leader*에서 하나님의 리더십 계발 과정을 설명하고 있다. 하나님께서는 한 사람의 사명 리더를 세우기 위해 여러 가지 사건과 인간관계를 통해 그를 성숙시키신다. 클린턴은 이것을 다음의 여섯 단계로 설명한다.

① 하나님의 기초들(Sovereign Foundations) : 하나님은 한 사람의 리더를 만들기 위해 그의 어린 시절부터 여러 가지 환경적 조건을 부여하시고, 이에 대한 어린 리더의 반응을 통해 성장시키신다.

② 내적인 삶의 성장(Inner Life Growth) : 이 시기는 리더의 성품과 영적 습관이 자리 잡는 시기다. 회심을 경험하고, 성령께서 내주하시는 과정에서 그리스도의 마음을 닮아간다.

③ **사역의 성숙**(Ministry Maturing) : 리더는 하나님이 부여하시는 사역을 통해 성장한다. 리더는 성공과 실패들을 경험하는 가운데 자신을 파악하고, 사역의 기술을 개발하며, 영적 리더의 의미를 배우는 과정에서 한 사람의 사역자로 성숙해 간다.

④ **삶의 성숙**(Life Maturing) : 이제 리더는 자신의 강점에 집중하면서 보다 많은 경험을 통해 삶 전체가 성숙해진다. 지금까지 리더 안에서 역사하셨던 하나님은 이제 리더를 통해서 일하시게 된다.

⑤ **수렴**(Convergence) : 이 단계에서 리더는 자신의 사역 경험이 구체적인 직무나 책임으로 수렴되는 것을 본다. 이 단계에 이르면 리더는 자신의 사역에서 최대의 효율성을 발휘할 수 있으며, 최고의 성공을 거둘 수 있게 된다.

⑥ **회상 또는 축하**(Afterglow or Celebration) : 이 시기에 리더는 하나님께서 자기 내면에서, 그리고 자신을 통해 행하시고 이루신 일을 축하하면서 인생의 마지막 시기를 보내게 된다.

사명 리더가 성숙할수록 그에게는 영적 권위가 따르게 된다. 그들의 영적 권위에 대해서 쉽게 정의할 수는 없지만, 따르는 자들은 그것의 존재 유무를 인식할 수 있다. 이러한 영적 권위를 가진 사명 리더는 자신의 정체성과 생존, 그리고 삶의 의미를 하나님과의 관계 속에서 해결한 사람이다. 그 중에 하나님 중심적인 삶이야말로 리더의 확고한 신념, 믿음, 그리고 현실적인 자신감의 근원이다. 사명 리더는 하나님 나라와 그 의를 구하는 삶을 산다. 진정한 사명 리더는 단순히 길을 지적해 주는 것이 아니라 스스로 그 길을 걸어가는 사람이다. 이러한 사명 리더는 다른 사람들을 변화시킬 수 있는 영향력을 갖게 된다.

오스왈드 샌더스는 자연적인 리더십과 영적인 리더십을 비교하는 좋은 도표를 소개하고 있다.[14]

자연적인 리더십	영적인 리더십
자기 확신	하나님 안에서의 확신
사람들을 안다	하나님을 안다
스스로 결정한다	하나님의 뜻을 찾는다
야망적임	자기를 내세우지 않는다
스스로 방법을 창작한다	하나님의 방법을 발견하고 따른다
다른 사람을 지휘하기를 즐긴다	하나님께 순종하기를 기뻐한다
개인적 관심에 의한 동기	하나님과 사람을 사랑함에 의한 동기
독립적임	하나님을 의지함

헨리 블랙커비도 영적 리더십을 다음과 같이 정의한다. "영적 리더십은 사람들을 움직여 하나님의 일을 하게 하는 것이다."[15] 그에 따르면 영적 리더는 먼저 성령께 의존하고, 하나님의 계획에 따라 일한다. 또한 그들은 사람들을 움직여 현재의 자리에서 하나님이 원하시는 자리로 가게 한다. 더나아가서 영적 리더는 하나님의 사람들뿐 아니라 불신자에게도 영향을 미친다. 이러한 영적 리더는 하나님께서 책임지신다.

이러한 영적 리더의 가장 이상적인 모델은 예수 그리스도다.[16] 예수는 자신이 계획을 세우거나 비전을 내걸지 않고 아버지의 뜻을 구했다. 즉 예수의 비전은 아버지의 구원계획으로부터 온 것이었다. 그러므로 예수의 리더십의 핵심은 아버지의 뜻에 전적으로 순종하는 데서 얻어진 것이었다. 그가 제자들을 택한 것도 아버지의 뜻에 따른 것이었고,[17] 예수의 가르침도 아버지로부터 온 것이었다.[18] 예수는 전적으로 자신을 아버지께 맡겼다.[19] 그러므로 예수의 중심 과제는 제자들도 자신처럼 아버지와 친밀한 관계를 누릴 수 있도록 하는 것이었다.[20]

이렇게 볼 때 영적 리더십의 핵심은 사명 리더가 자신의 비전을 만들고 그룹의 방향을 정하는 것이 아니라 하나님이 계시하신 뜻에 순종하고, 따르는 자들을 하나님께 순종하도록 이끄는 것이다.[21] 이러한 하나님과의 관계는 사명 리더십의 수직적 차원에 눈을 뜨게 한다.

2) 사명 리더와 따르는 자

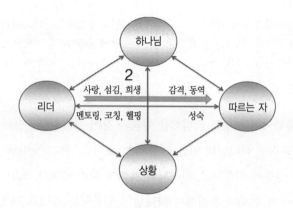

선교현장에서 가장 빈번하게 다뤄지는 변수들은 '리더'와 '따르는 자' 변수다. 이 두 변수는 리더와 따르는 자 사이의 관계로서 리더십의 기본적인 특성을 보일 뿐만 아니라, 사명 리더의 특수성을 드러낸다.

(1) 사명 리더

기독교 역사상 사명 리더의 리더십에 대한 다양한 표현들이 있었다. 목회자, 설교자, 교사, 상담자, 신학자, 목회관리자, 행정가 등은 그 예다. 목회자와 교사로서 사명 리더는 따르는 자들을 말씀 안에서 양육하여, 말씀대로 살도록 인도해야 한다. 또한 상담자와 목회관리자로서의 사명 리더는 따르는 자의 다양한 요구에 민감하게 응답하여, 그들을 치유하고 전인적으로 건강하게 이끌 수 있어야 한다.

그러나 하나님의 선교와 하나님 나라 개념은 전통적인 사명 리더십의 패러다임을 변화시켰다. 전통적으로 교회 안에 머물러 있던 목회적 리더십은 교회 밖의 사명을 강조하는 방향으로 바뀌게 되었다. 뜻이 하늘에서 이룬 것같이 땅에서도 이뤄지기 위해 기도하며 사역해야 하는 사명 리더는 교회 안에만 머물러 있을 수가 없었다. 세상의 빛과 소금이 되라는 주님의 명령이 새롭게 강조되기 시작했다. 교회는 모이는 구조(come structure)에서 흩어지는 구조(go structure)로 바뀌게 되었다. 전통적인 주일예배 중심, 목회자 중심의 선교 패러다임은 주중의 세상 중심, 평신도 중심의 선교 패러다임으로 바뀌었다. 이러한 교회에서 하나님의 백성들은 세상 한 가운데서 하나님의 나라를 확장해 가는 사명 리더가 되어야 한다. 이러한 변화는 다시 한 번 만인사제직의 중요성을 부각시킨다. 이렇게 세상으로 나가 하나님의 사명을 감당하는 리더십의 패러다임 변화는 전통적인 목사의 이미지보다는 훈련가, 선교사, 전도자, 사회봉사자, 사회운동가의 이미지를 더 강조한다.

이미 1990년대 초에 옥한흠 목사는 「평신도를 깨운다」라는 책에서 앞으로의 목회가 양을 돌보는 것으로 비유되던 목양적 '보호목회'에서 세상의 증인을 세우는 '훈련목회'로 전환되어야 한다고 주장했다. 이는 당시 한국 교회에게는 선구자적 목소리였지만, 지금은 많은 교회들이 그 뒤를 따르고 있다. 특히 포스트모던 사회에서는 세상과 복음을 커뮤니케이션하기 위해 더욱더 세상문화 한가운데로 나가는 선교사적인 평신도 리더십이 필요하다.

이러한 맥락에서 목회자로서의 사명 리더가 추구해야 할 사역의 초점은 맡겨진 사람들을 돌보고, 양육하며, 변화시킴으로써 그들이 다시 또 하나의 사명 리더로서 세상 한가운데서 자신의 사명을 감당하도록 돕고 훈련하는 것에 집중되어야 한다. 즉 목회자 사명 리더는 하나님의 백성들, 곧 따르는 자들이 세상을 향해 나가도록 격려하는 임무를 맡는다.[22]

이러한 사명 리더의 사역의 동기는 하나님의 사랑에서 비롯된다. 하나님께서 세상을 사랑하고, 섬기며, 희생하고, 생명을 아끼지 않고 주셨던 것처럼, 사명 리더도 같은 마음으로 따르는 자들을 사랑하고, 섬기며, 봉사한다. 그리고 이러한 사명 리더의 궁극적 목표는 하나님의 다스리심이 땅 끝까지 선포되는 총체적 구원(redemption)을 지향한다.

이러한 사명 리더의 기본적인 역할 모델은 멘토(Mentor), 코치(Coach), 헬퍼(Helper)다. 그 역할을 아래와 같이 부연 설명해 보자.

① 멘토 : 멘토로서의 사명 리더는 따르는 자들의 모범이 되어서 그 길을 몸소 걸어가는 사람이다. 우리말로는 선생(先生), 즉 먼저 태어나서 그 길을 간 사람의 의미다. 사명 리더는 말뿐만 아니라 삶으로 본을 보여야 한다.

② 코치 : 코치로서의 사명 리더는 따르는 자들의 강점과 약점을 파악하고, 강점에 집중하게 함으로써 자신들의 능력을 최대한 발휘하도록 훈련한다. 또한 팀워크를 필요로 하는 총체적인 사역에서 따르는 자들이 적절한 역할분담과 협력을 통해 시너지 효과를 내도록 돕는다.

③ 헬퍼 : 돕는 이로서의 사명 리더는 따르는 자들이 자기 성장을 이뤄갈 때 만나는 많은 장애물들을 제거해 주고, 목표한 곳에 이를 수 있도록 돕는다.

(2) 따르는 자

사명 리더와 동역을 하는 또 하나의 주체로서의 따르는 자는 많은 경우 '평신도로 구성된 공동체' 다. 전통적으로 평신도는 목회자인 리더의 양육과 보호를 받아야 하는 대상으로 평가 절하되어 왔었다. 그러나 현대사회로 들어오면서 평신도의 위치를 보다 적극적으로 해석하려는 노력이 증가하고 있다. 그러므로 평신도로서의 따르는 자는 리더의 지도와 훈련을 받아야 하는 대상들이면서, 동시에 리더와 함께 교회를 이끌고, 세상에서 하나님 나라를 선포할 주체라는 의식이 확대되었다.

먼저 교회 안의 사역에도 많은 변화가 생겼다. 많은 교회들이 '교회는 은사 공동체'라는 생각을 갖게 되었다. 교회는 성령께서 이끄시며, 그 뜻에 따라 은사를 주신다. 이 결과 교회는 신비로운 그리스도의 몸이 되는데, 그 안에 성령이 주신 각 지체로서의 역할이 상호 협력하며 생명 공동체를 만든다. 그러므로 이러한 은사 공동체 안에는 다양한 리더십 역할들과 사역들이 계발되고 발전하게 된다.

또한 따르는 자였던 평신도는 또 다른 사명 리더가 되어 교회 밖의 삶의 현장에서 세상 사람들을 향한 사제의 직분을 감당해야 한다. 만인사제직에 따르면 모든 그리스도인들은 하나님과 단독적으로 만날 수 있고 소명을 받을 수 있다. 이것을 목회자와의 관계성 속에서 본다면, 목회자는 교회의 사제고 평신도는 세상의 사제다. 평신도는 그들이 속한 가정, 직장, 학교, 지역사회, 세계에서 하나님께서 맡겨주신 영혼들을 양육하고, 세상을 변화시키는 리더들인 것이다.

3) 하나님과 따르는 자

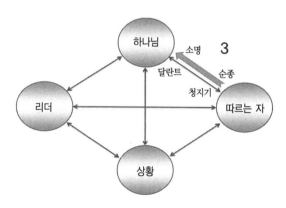

하나님과 따르는 자의 축에서, 하나님은 따르는 자를 향한 비전이 있고, 그들을 또 다른 리더로 세우기를 원하신다.

단계적으로 본다면, 하나님께서는 따르는 자가 당신 안에서 치유되고, 건강해지며, 풍성함을 누리기를 원하신다. 즉 그들이 하나님의 자녀가 되어 하나님과의 풍성한 관계 속으로 들어오기를 원하신다. 그래서 하나님은 사명 리더에게 하셨던 것처럼 따르는 자에게도 사랑, 섬김, 희생, 생명을 아낌없이 부어주신다.

나아가 하나님은 따르는 자에게도 소명을 주시고 또 다른 리더로 세우기를 원하신다. 그들은 일터에서 하나님의 나라를 꿈꾸며, 뜻이 하늘에서 이룬 것같이 땅에서도 이뤄지기 위해 일하는 리더들이 되어야 한다. 그들이 이 소명에 순종하여 주신 달란트를 활용하는 청지기가 될 때, 그들은 하나님의 선교 도구요 동역자가 된다.

그러나 이러한 단계적 구분은 사명 리더로 성장해 가는 따르는 자에게는 큰 의미가 없다. 하나님의 백성들이 성숙하여 하나님의 일을 감당하는 것은 곧 자신을 향한 하나님의 디자인을 성취하는, 자기성취의 길이기 때문이다. 이 과정에서 그는 자신의 존재의미와 목적을 발견하게 되고, 기쁨으로 사명자가 되어 이 목적을 향해 나아간다. 그러므로 따르는 자들은 기쁨으로 리더와 동역하여 하나님께서 일하시는 세상으로 들어간다. 세상 사람들에게 위로부터 오는 희망을 전해주고, 세상을 변화시켜 나간다.

4. 하나님 - 세상 - 리더 - 따르는 자

지금까지 하나님-리더, 리더-따르는 자, 따르는 자-하나님에 이르는 단계를 살펴보았다. 이제 하나님-상황, 리더-상황, 따르는 자-상황의 단계로 전개되는 과정을 살펴보자. 그것은 아래와 같은 도표로 설명할 수 있다.

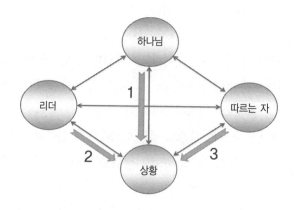

1) 하나님과 세상

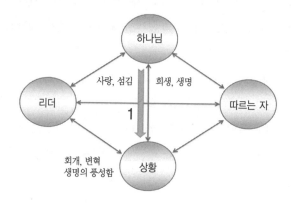

　'하나님의 선교'의 입장에서 보면 하나님은 교회 안에서만 활동하시는 것이 아니라 세상 한가운데서도 활동하신다. 그러므로 교회는 하나님이 활동하시는 세상에서 다른 사람들이나 기관들과 공존해 있는 하나님의 도구다. 이러한 관점은 교회 중심적 사고를 탈피하여 세상 지향적 사고를 하게 도와줌으로써 교회로 하여금 하나님의 세상을 향한 뜻과 사명을 지향할 수 있도록(mission-oriented) 이끌 수 있다.

하나님의 선교와 그의 나라 관점에서 보면, 하나님은 세상일에 관여하시고 세상을 변화시켜 나가시는 분이다. '하나님의 나라,' 즉 하나님의 다스리심은 교회 안에서만이 아니라 세상의 정치, 경제, 사회, 문화, 개개인의 영혼 등 세상의 모든 영역으로 퍼져나가야 한다.

이를 위해서 하나님은 지금도 세상 한가운데서 일하고 계신다. 세상의 리더들을 세우고, 조직들을 움직이며, 사건을 주관하고, 당신의 이야기를 만들어 가신다. 그래서 버나드 앤더슨은 "역사란 하나님의 이야기"(History is His-Story)라고 했다.[23] 하나님은 역사 안에서 당신의 이야기를 써 가고 계신다.

그러므로 하나님은 리더와 따르는 자들에게 베풀었던 사랑, 섬김, 희생, 생명을 세상을 향해서도 똑같이 부어주신다. 하나님께서 세상을 사랑하셔서 독생자를 주었을 당시의 세상은 결코 하나님의 사랑을 받을 만하지 못했다. 오히려 하나님의 뜻을 거스르고, 하나님의 이름을 저주하며, 스스로 죽음을 향해 치닫고 있었다. 하나님은 죽어가는 세상을 그토록 사랑하셔서, 그들을 살리기 위해 독생자를 주셨던 것이다. 지금도 하나님은 계곡에서 죽어가고 있는 잃은 양 한 마리를 찾아 세상에서 활동하고 계시다. 그렇다면 이 것을 깨달은 사명 리더와 따르는 자는 하나님께서 일하고 계신 세상으로 뛰어들어, 하나님의 동역자가 되어야 한다. 그럴 때 가정, 직장, 지역사회, 세계는 새로운 의미와 중요성을 갖게 된다.

2) 사명 리더-따르는 자와 세상

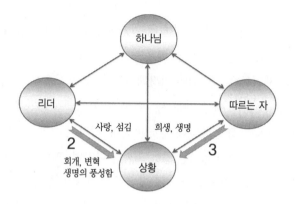

앞에서 살펴보았듯이 세상은 하나님께서 역사하시는 장소다. 하나님께서는 당신의 방법으로 세상의 역사를 만들어가고 계신다. 하나님은 세상을 향한 디자인이 있고, 이 디자인이 이뤄지기를 원하신다. 이러한 디자인의 완성은 세상 사람들을 세우심으로도 가능하겠지만, 하나님의 뜻을 가장 민감하게 경청하는 사명 리더와 따르는 자를 통해 이루어지는 것이 마땅하다. 그러므로 하나님은 온 세상을 구원하기 위해 당신의 백성들을 부르시고, 그들을 세상으로 보내신다. 그리고 파송을 받은 그들은 하나님께서 하신 것처럼 세상에 사랑, 섬김, 희생, 생명을 부어주는 사역을 감당한다.

그러므로 세상은 사명 리더의 리더십이 발휘되어야 하는 또 하나의 중요한 장이다. 사명 리더는 교회 안에서의 사역에만 머물지 말고 세상의 문제를 논하는 자리에 적극적으로 참여함으로 함께 문제를 해결하기 위해 노력해야 한다. 사명 리더는 세상 사람들이 미처 보지 못하는 수직적인 차원의 관점을 가지고 있기 때문에 지역의 문제들을 보다 근원적이고 포괄적으로 접근해 갈 수 있으며 진정한 대안을 제시해 줄 수 있다. 그러므로 사명 리더의 세상을 향한 리더십 계발은 사명 리더십에서 매우 중요한 부분이다.

또한 따르는 자도 세상 안에서 중요한 리더십을 발휘할 수 있어야 한다.

따르는 자는 대부분 그들이 속한 사회의 구성원이기도 하다. 그들은 같은 지역에서 직장생활을 할 수도 있고, 주거환경을 공유하며, 공공시설들, 자녀들의 학교, 상가, 공원, 생태환경 등을 함께 유지해 가고 있다. 이러한 과정에서 만나는 사람들은 적극적인 입장에서 보면 모두 이웃이다. 따르는 자로서의 그리스도인들은 세상 안의 사람들과 보다 적극적인 관계를 형성하며 세상을 바꾸는 리더십을 계발해 나가야 한다. 각자의 처한 입장에서 세상에 하나님의 나라를 확장시켜 가는 일에 최선을 다하며, 혼자서 감당할 수 없는 일들은 다른 그리스도인들의 협력을 받아서 함께 처리해 가야 한다.

이 사회는 기독교적 리더십 원리를 이해하고 실천할 리더들이 필요하다. 정치 영역에서 하나님의 인도하심을 구하는 정치가, 기업을 하나님께서 경영하신다고 고백하는 사업가, 자신의 직장을 소명의 자리로 알고 최선을 다해 섬기는 직장인, 성경의 가르침을 가정에 적용할 줄 아는 남편과 아내, 하나님이 주신 비전을 이루기 위해 열심히 공부하는 학생들이야말로 각각의 처한 곳에서 세상을 변화시켜 갈 수 있는 사람들이다.

이 과정에서 잊지 않아야 할 사실은 세상 안에서의 리더십도 자신이 일방적으로 리더가 되고자 해서 얻을 수 있는 것이 아니라는 사실이다. 세상의 많은 문제들과 필요들에 대해서 교회가 대답을 줄 수 있을 때에야 세상 사람들은 사명 리더와 따르는 자의 리더십을 수용하게 될 것이다. 그러므로 세상 사람들과 기관들은 일방적으로 변화를 받아야 하는 대상이 아니라 함께 관계를 맺고, 협력하며, 세상을 변화시키고, 함께 변화되어가야 할 대상이라는 사실을 잊지 말아야 한다.[24]

특히 글로벌 시대에 리더와 따르는 자는 전 세계를 품고, 기도하며, 사역을 만들어가야 한다. 하나님께서 전 세계 안에서 일하고 계시다면, 리더와 따르는 자의 사역 범위도 전 세계적이 되어야 한다. 실제로 전 세계는 이미 우리의 정치적, 경제적, 문화적 삶의 터전이 되고 있다. 우리는 세계 정세와 함께 한국 정세를 이야기해야 하고, 세계 경제 속에서 우리의 경제가 움직여 가며, 세계의 다양한 문화가 우리 문화에 영향을 주고 있음을 안다. 한국사회가 단일민족으로 구성되었던 시대는 지나고, 100만 외국인 시대가 되었다. 이제 한국의 사명 리더와 따르는 자는 세계 다양한 나라의 사명 리더들과 만나고, 함께 기도하며, 협력하는 데 익숙해져야 한다. 또한 이러한 무대에서 리더십을 발휘할 수 있는 글로벌 리더십을 겸비한 차세대 리더들을 준비해야 한다.

5. 되짚어보기

이 장은 크리스천 리더십의 본질을 이해하는 데 집중되었다. 특히 세상의 리더십과 다른 크리스천 리더십을 삼각뿔 모델로 설명하였다. 즉 리더, 따르는 자, 세상의 축 위에 하나님의 축이 더해진 것이다. 하나님의 축이야말로 크리스천 리더십과 세상의 리더십을 구분하는 가장 큰 차이점이다. 이로 말미암아 리더십의 본질과 특성이 달라지고, 따르는 자의 역할이 바뀐다. 또한 리더와 따르는 자들에게 부여된 세상을 향한 사명이 달라진다.

그러므로 이 책은 크리스천 리더십을 사명 리더십으로 이해한다. 삼각뿔 모델은 사명 리더가 각 축과의 관계에서 감당해야 할 명확한 사명을 밝혀준다. 하나님과의 관계에서 사명 리더는 하나님의 소명에 순종하고 응답하는 자요, 하나님이 주신 달란트를 지혜롭게 사용해야 할 청지기다. 따르는 자와의 관계에서 사명 리더는 멘토요, 코치요, 헬퍼가 됨으로써 따르는 자를 또다른 리더로 이끈다. 마지막으로 사명 리더는 하나님의 선교에 동참하여 세상에 나가 하나님의 나라를 확장해 간다. 이 삼각뿔 모델이 사명 리더십을 통합적이고 균형 있게 볼 수 있는 도구가 되기를 바란다.

1. 사명 리더십이 세상의 리더십과 다른 점을 설명해 보라.

2. 사명 리더십의 삼각뿔 모델의 첫 번째 단계를 설명해 보라.

3. 사명 리더십의 삼각뿔 모델의 두 번째 단계를 설명해 보라.

4. 사명 리더십의 삼각뿔 모델을 통해 자신의 리더십을 평가해 보라.

3

사명 리더십의 특징

말씀묵상

"하나님이 세상을 이처럼 사랑하사 독생자를 주셨으니 이는 그를 믿는 자마다 멸망하지 않고 영생을 얻게 하려 하심이라 하나님이 그 아들을 세상에 보내신 것은 세상을 심판하려 하심이 아니요 그로 말미암아 세상이 구원을 받게 하려 하심이라"(요 3:16~17).

앞 장에서 우리는 사명 리더십이 세상의 리더십과 다른 것은 하나님의 축이 있다는 사실을 다뤘다. 하나님과의 관계 속에서의 리더십은 전혀 다른 패러다임을 형성한다. 이 장에서는 사명 리더십의 특징을 몇 가지 관점에서 다뤄보고자 한다. 그 주제는 다음과 같다.

① 사명 리더십의 동기와 원동력은 하나님의 사랑에서 비롯된다.
② 사명 리더십의 스타일은 섬김으로 나타난다.
③ 사명 리더십의 진정한 힘은 통전성(Integrity)에서 나온다.
④ 사명 리더십의 정체성은 청지기(steward)다.

1. 동기와 원동력 – 사랑

많은 사람이 리더가 되려고 한다. 그래서 리더십이 그토록 관심의 대상이 되고 있다. 그렇다면 사람들은 왜 리더가 되려고 하는가? 아마도 대부분이 아래의 예 속에 포함될 것이다.

① 개인적 꿈과 목표의 성취
② 물질적 부와 특권 향유
③ 사람들의 위에 서서 권력을 누리는 쾌감
④ 명예와 존경심
⑤ 공동체의 이념 성취

그렇다면 사명 리더를 움직이는 동기와 원동력은 무엇일까? 즉 그가 교회와 세상에서 최선을 다해 수고하는 이유는 무엇일까? 많은 사역자들이 과중한 임무에 시달린다. 사역 중에 만나는 수많은 난관과 시험은 리더를 실망과 좌절에 빠지게 한다. 세상 사람들이 부와 명예를 누리는 것을 보면, 유혹이 생기기도 한다. 그 결과 사역을 포기하고자 하는 마음이 생기기도 한다. 그럼에도 불구하고 사명 리더가 다시 힘을 내고 일어설 수 있는 동기와 원동력은 무엇일까? 사명 리더는 무슨 힘으로 이 난관들을 극복해 갈까?

기독교 신앙은 사명 리더십의 동기와 원동력을 하나님의 사랑에서 찾는다. 하나님께서 세상을 너무나 사랑하셔서 독생자를 주셨다는 것이다. 그분이 사랑으로 먼저 리더십을 발휘하셨고, 이 사랑을 깨닫고 감격한 사람은 빚진 자의 심정으로 세상을 향한 섬김과 희생의 리더십을 발휘한다는 것이다. 이제 이 문제를 좀 더 구체적으로 살펴보자.

1) 하나님의 우선적 사랑

사명 리더가 하나님의 명령에 복종하는 것은 하나님의 우선적인 사랑 때문이다. 요한복음 3장 16~17절의 말씀은 이러한 하나님의 사랑을 가장 명확히 보여준다.

> "하나님이 세상을 이처럼 사랑하사 독생자를 주셨으니 이는 그를 믿는 자마다 멸망하지 않고 영생을 얻게 하려 하심이라 하나님이 그 아들을 세상에 보내신 것은 세상을 심판하려 하심이 아니요 그로 말미암아 세상이 구원을 받게 하려 하심이라"(요 3:16~17).

이 짧은 구절은 우리를 깊은 묵상으로 인도한다. 먼저 하나님께서 세상을 너무도 사랑하시고, 이 세상을 구원하기 원하신다는 구절을 묵상해 보라. 부모가 되어 자식을 키워본 사람은 이 사랑을 조금이나마 짐작할 수 있을 것이다. 자식이 부모의 뜻을 거역하고 자기 멋대로 살면서 폐인이 되어갈 때처럼 부모의 마음이 찢어지도록 아픈 때는 없다. 그럴 때 혹시 자식을 살릴 수 있는 길이 있다면, 부모는 자신의 생명을 걸고라도 그 길을 선택할 것이다. 이것이 하나님의 사랑에 비유될 수 있을까? 하나님은 당신의 뜻을 거역하고 향락에 빠져 죽어가는 사람들을 애타는 마음으로 사랑하셔서 그대로 두고 볼 수가 없으셨다.

성경은 하나님을 떠난 사람들을 당신의 품으로 되돌리기 위해 애쓰시는 하나님을 잘 묘사하고 있다. 자신을 배신한 아담과 하와가 동산에서 쫓겨날 때, 하나님은 애타는 심정으로 손수 가죽옷을 지어 입히셨다. 아벨을 죽인 최초의 살인자 가인을 용서하시고, 그 살인자를 보호하시겠다고 결단하는 하나님의 마음은 어떠했을까? 성경은 세상에 죄악이 극에 달했을 때, 하나님이 마침내 사람을 지으신 것을 후회하셨다고 쓰고 있다. 그 찢어지도록 아픈 하나님의 마음을 짐작이나 할 수 있을까? 하지만 하나님은 노아의 가족을 선택하시고 그들에게 새로운 희망을 걸어보신다. 그러나 인간은 바벨탑을 쌓으며 하나님께 도전하고, 하나님은 언어를 달리해서 사람들을 흩으신다. 그럼에도 불구하고 하나님은 아브라함을 갈대아 우르에서 불러내어 세우시며 다시 구원을 향한 꿈을 꾸신다. 그 자손 이스라엘을 이집트의 노예생활에서 구원해 내신 하나님은 시내산에서 그들과 계약을 맺으며 그 작은 민족을 통해 모든 민족이 구원을 얻게 할 꿈을 꾸신다. 그러나 가나안 땅에 들어간 이스라엘은 마치 호세아를 배신하는 고멜과 같이 세상의 풍요와 유혹에 넘어지게 된다.

요한복음 3장 16절의 말씀은 하나님께서 이러한 배역하는 세상을 아직도 사랑하시고, 구원하기 원하신다는 것이다. 그래서 그는 마지막 수단으로 자신의 독생자의 생명을 주셨다. 이는 세상 사람들을 정죄하고 심판하려는 것이 아니었다. 어떻게 하든지 세상을 살리려는 하나님의 간절한 마음 때문이었다. 과연 인간이 하나님께 어떤 존재이기에 아들의 생명을 주고서라도 구원하기 원하실까? 우리는 그 이유를 논리적으로 설명할 수 없다. 그저 하나님의 무한한 사랑 때문이라고만 미루어 짐작할 뿐이고, 이 사랑을 받는 사람들에게는 갚을 수 없는 은혜일 뿐이다. 이러한 관점에서 종교개혁자들의 주장은 절대적으로 옳다. 우리가 살 수 있는 방법은 '오로지 하나님의 은혜로만'(Only Grace), 우리의 행함으로가 아니라 '오직 하나님의 사랑을 믿는 믿음으로만'(Only Faith), 그리고 이 사실을 알 수 있는 방법은 '오직 성서로만'(Only Bible) 가능하다.

2) 제자들의 응답

이 하나님의 사랑에 대해서 구원받은 인간은 어떻게 응답해야 할까? 성경은 이에 대해서도 명확히 기록하고 있다. 즉 인간은 하나님의 사랑에 대한 응답으로 위로는 하나님을 사랑하고, 좌우로는 보이는 이웃을 사랑해야 한다는 것이다.

"예수께서 사두개인들로 대답할 수 없게 하셨다 함을 바리새인들이 듣고 모였는데 그중의 한 율법사가 예수를 시험하여 묻되 선생님 율법 중에서 어느 계명이 크니이까 예수께서 이르시되 네 마음을 다하고 목숨을 다하고 뜻을 다하여 주 너의 하나님을 사랑하라 하셨으니 이것이 크고 첫째 되는 계명이요 둘째도 그와 같으니 네 이웃을 네 자신 같이 사랑하라 하셨으니 이 두 계명이 온 율법과 선지자의 강령이니라"(마 22:34~40).

특히 요한일서의 말씀들은 이웃을 향한 사랑에 대해서 너무도 분명하게 설명하고 있다.

"사랑하는 자들아 우리가 서로 사랑하자 사랑은 하나님께 속한 것이니 사랑하는 자마다 하나님으로부터 나서 하나님을 알고 사랑하지 아니하는 자는 하나님을 알지 못하나니 이는 하나님은 사랑이심이라 하나님의 사랑이 우리에게 이렇게 나타난 바 되었으니 하나님이 자기의 독생자를 세상에 보내심은 그로 말미암아 우리를 살리려 하심이라 사랑은 여기 있으니 우리가 하나님을 사랑한 것이 아니요 하나님이 우리를 사랑하사 우리 죄를 속하기 위하여 화목제물로 그 아들을 보내셨음이라 사랑하는 자들아 하나님이 이같이 우리를 사랑하셨은즉 우리도 서로 사랑하는 것이 마땅하도다"(요일 4:7~11).

16절은 더 극단적이다. 하나님의 희생적인 사랑을 안 사람은 또한 형제를 위해 목숨을 버려야 한다. "그가 우리를 위하여 목숨을 버리셨으니 우리가 이로써 사랑을 알고 우리도 형제들을 위하여 목숨을 버리는 것이 마땅하니라."[1]

이러한 요한서신의 주장은 요한 사도의 개인적인 주장이 아니다. 이것은 예수의 명령으로부터 비롯된다. 예수는 하나님의 사랑을 받은 사람이 어떻해야 하는가에 대해 한 종의 비유를 들어 설명한다. 마태복음 18장 21절 이후를 보면 임금에게 만 달란트라는 큰돈을 탕감 받은 종이 백 데나리온이라는 작은 빚을 진 동료를 용서해 주지 않았기 때문에 주인의 분노를 사서 결국 옥에 갇히게 된다.[2] 그러므로 하나님의 사랑을 받은 사람은 그 하나님을 사랑하고, 이웃을 자신의 몸처럼 사랑해야 한다.[3] 그는 선한 사마리아 사람처럼 강도 만난 이웃을 도와야 영원한 생명에 이를 수 있다.[4] 또한 주님이 세상을 심판하러 오실 때 양의 그룹에 들어서 구원을 받을 수 있는 사람들은 주위에 있는 지극히 작은 사람들을 보살핀 자들이다.[5]

야고보 사도 또한 행함이 없는 믿음은 곧 죽은 믿음이라고 했다. "만일 형제나 자매가 헐벗고 일용할 양식이 없는데 너희 중에 누구든지 그에게 이르되 평안히 가라, 덥게 하라, 배부르게 하라 하며 그 몸에 쓸 것을 주지 아니하면 무슨 유익이 있으리요 이와 같이 행함이 없는 믿음은 그 자체가 죽은 것이라."[6] 비록 마틴 루터가 야고보서를 지푸라기 서신이라고 평했지만, 이것은 분명히 예수의 메시지와 맥락을 같이하고 있다. 좋은 나무마다 아름다운 열매를 맺기 때문에 거짓 선지자를 구별하는 방법은 그 열매를 확인하면 된다.[7]

그러므로 예수 그리스도를 통해 드러난 하나님의 사랑에 감격한 사람들은 먼저 하나님을 사랑한다. 나를 사랑하는 대상을 향해 감사하고 사랑하는 것은 당연한 반응이다. 사명 리더는 소망의 이유를 주신 하나님께 감사하는 삶을 살게 된다.

또한 사명 리더는 이 기쁜 소식을 이웃들에게도 전한다. 하나님의 사랑으로 말미암아 세계관이 바뀐 사람들은 이 놀라운 경험을 전하게 되어 있다. 기대치 않았던 사랑을 받은 사람들은 그 하나님께서 원하시는 일, 곧 이웃을 사랑하는 일에 기쁨으로 임한다.

더 나아가서 사명 리더는 사랑의 하나님이 세상을 통치하실 수 있도록 하나님 나라 확장을 위해 선한 영향력을 끼친다. 즉 사랑이 넘치는 세상이 되도록 썩어져 가는 밀알이 되기를 기꺼이 자청한다.

3) 사랑은 사명을 지속하는 원동력

사랑은 사명 리더십의 동기이면서 동시에 그 리더십을 지치지 않고 끝까지 완수할 수 있게 하는 원동력이기도 하다. 세상의 리더십은 자신의 이익을 위한 동기로 시작되기 때문에 자신에게 불이익이 올 때는 따르는 자를 버리고 달아나버린다. 성경은 이러한 모습을 삯군 목자에 비유하고 있다. 선한 목자와 대비되는 삯군 목자는 맹수가 와서 자신의 생명이 위태롭게 되면 양들을 버리고 달아난다. 사명 리더가 사역을 감당해 나가노라면 많은 어려움을 만나게 된다. 오해와 비방도 듣게 되고, 따르는 자들을 향해 실망할 때도 있을 것이다. 그러나 끝까지 포기하지 않는 이유는 하나님이 리더를 사랑한 것같이 리더도 따르는 자를 사랑하기 때문이다. 이렇게 사명 리더의 지칠 줄 모르는 섬김의 원동력은 하나님의 사랑에서 시작된다. 그러므로 하나님 사랑과 이웃 사랑은 사명 리더십의 진수다.

"예수께서 사두개인들로 대답할 수 없게 하셨다 함을 바리새인들이 듣고 모였는데 그중의 한 율법사가 예수를 시험하여 묻되 선생님 율법 중에서 어느 계명이 크니이까 예수께서 이르시되 네 마음을 다하고 목숨을 다하고 뜻을 다하여 주 너의 하나님을 사랑하라 하셨으니 이것이 크고 첫째 되는 계명이요 둘째도 그와 같으니 네 이웃을 네 자신 같이 사랑하라 하셨으니 이 두 계명이 온 율법과 선지자의 강령이니라"(마 22:34~40).

고린도전서 13장은 사명 리더의 사역 속에 사랑의 필요성을 잘 표현하고 있다. 사명 리더가 아무리 아름다운 사역을 한다고 할지라도 그 안에 사랑이 없으면 아무것도 아니라는 것이다. 하나님은 사랑이시고, 사랑이 없는 사역은 하나님께서 함께하시지 않는 사역이기 때문이다.

"내가 사람의 방언과 천사의 말을 할지라도 사랑이 없으면 소리 나는 구리와 울리는 꽹과리가 되고 내가 예언하는 능력이 있어 모든 비밀과 모든 지식을 알고 또 산을 옮길 만한 모든 믿음이 있을지라도 사랑이 없으면 내가 아무 것도 아니요 내가 내게 있는 모든 것으로 구제하고 또 내 몸을 불사르게 내줄지라도 사랑이 없으면 내게 아무 유익이 없느니라"(고전 13:1~3).

그러므로 사명 리더는 무엇보다도 사랑의 리더십을 추구해야 한다. 사명 리더가 사랑으로 섬기는 리더십을 몸에 체득할 때, 그에게는 다음과 같은 특성이 나타난다.

"사랑은 오래 참고 사랑은 온유하며 시기하지 아니하며 사랑은 자랑하지 아니하며 교만하지 아니하며 무례히 행하지 아니하며 자기의 유익을 구하지 아니하며 성내지 아니하며 악한 것을 생각하지 아니하며 불의를 기뻐하지 아니하며 진리와 함께 기뻐하고 모든 것을 참으며 모든 것을 믿으며 모든 것을 바라며 모든 것을 견디느니라"(고전 13:4~7).

사명 리더는 자신 안에 이러한 모습이 나타나고 있는지 수시로 점검해야 한다. 그리고 만약 이러한 사랑의 리더십이 나타나지 않는다면, 하나님의 사랑을 다시 불일 듯 일으켜 달라고, 사랑의 마음이 넘쳐나기를 간구해야 한다. 사명 리더십의 동기와 원동력은 하나님의 사랑이기 때문이다. 그리고 사랑의 리더십만이 끝까지 남는다.

"사랑은 언제까지나 떨어지지 아니하되 예언도 폐하고 방언도 그치고 지식도 폐하리라 우리는 부분적으로 알고 부분적으로 예언하니 온전한 것이 올 때에는 부분적으로 하던 것이 폐하리라 내가 어렸을 때에는 말하는 것이 어린 아이와 같고 깨닫는 것이 어린 아이와 같고 생각하는 것이 어린 아이와 같다가 장성한 사람이 되어서는 어린 아이의 일을 버렸노라 우리가 지금은 거울로 보는 것 같이 희미하나 그 때에는 얼굴과 얼굴을 대하여 볼 것이요 지금은 내가 부분적으로 아나 그 때에는 주께서 나를 아신 것 같이 내가 온전히 알리라 그런즉 믿음, 소망, 사랑, 이 세 가지는 항상 있을 것인데 그중의 제일은 사랑이라"(고전 13:8~13).

실제로 사람은 사랑이 있어야 산다. 그래야 영혼이 맑고, 정신이 건강하고, 마음이 기쁘고, 육체도 산다. 그런데 그 사랑은 하나님의 품안에서만 바르게 이해될 수 있고, 바르게 표현될 수 있다. 왜냐하면 하나님은 사랑이시고, 우주의 근원이시기 때문이다. 그러므로 사람이 살 수 있는 길은 사랑이신 하나님께 있다. 물고기가 물을 떠나서 살 수 없듯이 사랑을 떠나서 살 수 있는 사람은 없다.

문제는, 인간이 그 사랑을 잃어버렸다는 데 있다. 세상의 근원이 사랑이고, 이 세상은 사랑에 의해 움직인다는 주장은 마치 어린 시절 동화에서나 들었던 비현실적인 이야기로 여겨진다. 희생적인 사랑에 대해 이야기하면 마치 현실성 없는 이상주의자, 또는 시대에 뒤떨어진 사람처럼 여긴다. 성인들의 세계를 지배하는 것은 힘과 자본의 논리다. 심지어 그리스도인조차도 그러한 사랑은 없다고 믿는 사람들이 많다.

그러나 과연 어느 쪽이 허구에서 사는 것인가? 사랑, 정의, 자기희생과 같은 가치가 실제로 존재한다고 믿는 사람들이 허구에서 살고 있는가? 아니면 그런 것은 허구고 실제생활은 정치적, 경제적 관계만이 존재한다고 생각하는 사람들이 허구에서 살고 있는가?

시대를 단순화시켜서 이야기할 수는 없겠지만, 옛날에 우리 선조들은 부모님께 효도하고, 형제간에 우애가 있으며, 세상에는 천륜이 통하는 사회가 있다고 믿었다. 그러나 불과 100년 만에 우리는 급변하는 세상을 체험했다. 30년 만에 농업국이 공업국이 되었고, 이제는 정보화 사회로 진입했다. 일제 강점기를 경험한 세대가 아직 살아있는데, 6·25를 모르는 세대가 사회를 이끌고 있고, 군사정권을 실감하지 못한 젊은이가 군에서 나라를 지키고 있다. 급변하는 사회 속에서 최첨단의 기업도 세계의 흐름을 따라가지 못해서 붕괴되고 있다. 전세계화, 정보화 사회의 무한경쟁 속에서 살아남지 못하면 도태된다. 이러한 시대에 우리는 삶의 근본에 대해 생각할 틈조차 갖지 못하고 하루하루를 살아가고 있다. 신문지상을 메우고 있는 많은 문제들을 보지만, 해결의 방법이 없다.

그렇다면 무엇이 이 많은 문제들을 야기하는가? 문제의 핵심은 무엇인가? 그것은 바로 이 세상이 사랑을 잃어버렸다는 것이다. 세상이 참 사랑의 근원이신 하나님으로부터 멀어져 있기 때문이다. 그 결과, 우리의 정신이 병들고, 육체가 신음하고, 우리의 삶이 곤고하고, 삶의 의미가 없어지고, 사회는 물고 물리는 세상이 되었다.

우리는 다시 사랑이신 하나님을 재발견해야 한다. 먼저 예수 그리스도가 선포하셨던 하나님의 나라, 곧 사랑이 회복된 그 나라를 구해야 한다. 또한 그 사랑의 삶을 따라가기 원하는 사랑으로 섬기는 리더십을 회복해야 한다. 그럴 때 우리의 삶 속에는 다시 기쁨이 찾아올 것이다. 삶의 의미를 찾을 것이고, 참 생명이 회복될 것이다. 그리고 이 땅에서 하나님 나라를 체험하고, 누리고, 이웃을 살리게 될 것이다.

2. 사명 리더십의 스타일 - 섬김

사명 리더십의 동기와 원동력이 사랑이라면, 그 리더십이 표현되는 모습은 섬김으로 나타난다. 헌터도 그의 책 「서번트 리더십」에서 섬기는 리더십의 본질은 실천하는 사랑에 있다고 강조한다. 그는 고린도전서 13장을 근거로 섬기는 리더십의 본질은 인내, 친절, 겸손, 존중, 무욕, 용서, 정직, 헌신이라고 주장한다.[8] 이러한 맥락에서 이 책은 섬김의 리더십을 따르는 자들을 섬기는 것을 우선으로 하고, 이러한 섬김을 통해 따르는 자들에게 영향력을 끼치는 리더십이라고 정의하고자 한다.

1) 삼위일체 하나님의 섬김

섬기는 리더십은 삼위일체 하나님이 보여주신 리더십의 핵심이다. 섬김이야말로 하나님께서 일하시는 방법이기 때문이다. 창조자 하나님께서는 세상을 사랑하셔서 날마다 세상에 생명을 주시고, 세상을 지탱하시며, 세상을 운행하시는 방법으로 섬기고 계신다. 그리고 그 사랑이 극에 달했을 때 당신의 독생자를 세상에 주심으로 세상을 섬기셨다.[9]

예수 그리스도도 세상에 오셔서 사람들을 구체적으로 섬기셨다. 세상에 가장 낮은 자 중의 하나로 내려오셨고, 우리의 옆에 거하셨으며, 우리의 친구가 되어주셨다. 성과 촌을 두루 다니시면서 마음이 상한 자를 위로하셨고, 병자들을 고치시고, 희망이 없는 자들에게 희망을 주셨다.[10] 그는 자신이 이 세상에 온 것이 섬김을 받으려는 것이 아니라, 사람들을 섬기고 그들을 위해서 생명을 주기 위함이라고 자신의 사명을 분명히 말했다.[11] 그리고 이것을 구체적으로 보여준 것이 유월절 식사 때 제자들의 발을 씻기는 모습으로 나타난다. 그는 세상을 구원하기 위해 자신의 생명을 주셨고, 부활하셔서 스승을 잃고 좌절하고 있는 제자들을 찾아오신다. 부활하신 예수 그리스도는 제자들에게 마지막 가르침과 함께 성령을 보내주시면서 섬기셨고, 세상 끝날까지 제자들과 함께 있겠다고 약속하신다.

성령께서도 제자들이 세상으로 나갈 때 능력을 주심으로 담대하게 하신다. 보혜사로서의 성령은 하나님의 뜻을 분간하게 돕고, 우리가 기도할 때 그분은 말할 수 없는 탄식으로 우리가 구할 바를 바로 구하게 하신다. 교회를 이끄시는 성령은 그 뜻대로 은사를 주셔서 교회로 하여금 그리스도의 몸의 기능을 하도록 돕는다. 선교하시는 성령은 교회를 이끌고 선교현장으로 들어가신다. 치유의 영으로 임하는 성령은 상처받은 영혼들을 위로하고, 분열된 세상을 하나로 만든다.

2) 제자들의 섬김

세상을 섬기시는 삼위일체 하나님은 당신을 따르는 제자들에게도 세상을 섬기도록 부탁하신다. 제자들의 발을 씻긴 예수님은 다음과 같이 제자들에게 명하신다. "내가 주와 또는 선생이 되어 너희 발을 씻었으니 너희도 서로 발을 씻어 주는 것이 옳으니라 내가 너희에게 행한 것 같이 너희도 행하게 하려 하여 본을 보였노라."[12]

부활해서 디베랴 바닷가로 베드로를 찾아오신 주님은, 주님을 향한 베드로의 사랑을 세 번이나 확인하시고 양을 부탁하셨다.[13] 그러므로 주님을 사랑하는 제자는 주님의 양을 책임져야 한다.

또한 주님께서 재림하실 때 양과 염소를 분별하듯 구원 받을 사람과 그렇지 못한 사람을 구별할 것인데, 그때 양의 반열에 들어갈 사람은 주린 이웃을 먹이고, 목마른 자에게 물을 주며, 나그네를 영접하고, 헐벗은 자에게 옷을 입히고, 병든 자를 돌아보며, 옥에 갇힌 자를 돌아본 섬김의 사람들이다. 이때 더욱더 의미 있는 것은 우리가 이렇게 이웃을 섬기는 것이 곧 주님을 섬기는 것이라는 사실이다.[14]

더 나아가 주님은 제자들에게 세상 끝까지 나가서 모든 사람들로 제자를 삼으라고 명하신다.[15] 이것은 섬기는 리더십의 마지막 목표가 따르는 자들을 또 다른 리더들로 세우는 것이라는 사실을 알려준다.

3) 섬김의 리더십

많은 사람들이 섬기는 리더십이 나약한 인상을 준다고 우려한다. 물론 남의 위에 군림하는 힘 있는 리더십에 익숙한 많은 사람들에게는 그렇게 보일 수도 있다. 그러나 우리가 조금 더 진지하게 살펴보면 섬기는 리더십이야말로 가장 영향력이 있고, 오랫동안 사람들의 마음을 사로잡는다는 것을 알 수 있다. 자식들을 위해 모든 것을 헌신하는 어머니만큼 강한 사람은 없다. 십자가에서 생명을 버리는 예수만큼 세상을 변혁시키는 힘을 가진 리더는 없다. 간디는 폭력을 사용하지 않고 영국의 총칼을 굴복시켰다. 마더 테레사의 섬김의 리더십은 종교와 국경을 초월하여 존경을 불러내었다. 외유내강이라는 말이 있지 않은가? 진정으로 강한 것은 남에게 강요하지 않아도 사람들을 변화시킨다.

또한 어떤 사람들은 섬김의 리더십을 따르는 자들의 비유를 맞추는 것으로 오해하기도 한다. 그 결과 리더가 가고자 하는 비전의 길을 포기하고 따르는 자들의 눈높이에서 타협하게 된다는 것이다. 그러나 우리가 여기에서 논하고 있는 섬기는 리더십은 따르는 자가 진정으로 자신을 성취하고 바른 방향으로 나가도록 격려하고 도와주는 것을 강조한다. 그렇다면 따르는 자가 나태해 있을 때는 가혹하리만큼 도전하는 것도 그를 섬기는 것이다. 따르는 자가 곁길로 나갈 때는 엄하게 꾸짖는 것도 그를 섬기는 것이다. 어머니가 자식을 위해 회초리를 드는 것은 자식을 섬기는 또 하나의 방법이다. 그러므로 섬기는 리더십과 타협의 리더십은 구별되어야 한다.

더 나아가서 따르는 자의 입장에서 보면 섬기는 리더십이야말로 가장 강한 영향력을 끼칠 수 있는 리더십이다. 따르는 자들은 자신들을 지배하기보다 세워주는 리더, 자신들을 조종하기보다 잠재적 가능성을 계발하도록 도와주는 리더, 섬김을 받기보다 섬기는 리더를 더욱더 존경하며 오래도록 기억한다. 그러므로 어떤 리더라도 많은 사람들을 이끌려고 한다면 먼저 그들을 위해 섬겨야 한다. 섬김을 통해 신뢰를 구축하는 것이야말로 조직을 이끌어가는 가장 큰 원동력이다.[16)]

이러한 섬기는 리더는 따르는 자들 각각의 달란트, 아이디어, 통찰력, 창조적 문제해결능력 등을 활용케 함으로써 자신의 능력을 마음껏 발산하도록 돕는다. 또한 섬기는 리더는 비전을 함께 나누고, 자발적인 동참을 유도하며, 공동체에 기여할 수 있는 기회를 부여하고, 상호 신뢰와 섬김의 네트워크를 격려한다.

이러한 섬기는 리더십은 21세기에 들어서면서 새롭게 주목을 받고 있다. 포스트모던 사회, 정보화 사회로 변화되면서 독재적, 위계적 리더십은 새로운 모델로 대치되고 있다. 수평적 리더십, 사람을 세우는 리더십, 팀 리더십, 팀원들의 강점을 살려주는 리더십 등이 그것이다. 이러한 새로운 리더십의 핵심은 섬김이다. 이제는 기독교 영역 밖에서도 섬기는 리더십은 친숙하게 받아들여지고 있다.

4) 섬기는 리더십의 중요한 요소들

사명 리더에게 있어서 섬김의 리더십은 어떤 의미가 있으며, 그 중요한 특징은 무엇인가? 이에 대해서는 많은 제안을 할 수 있으나 이 책은 하나님과 따르는 자, 상황과의 관계 속에서 다음과 같이 정리하고자 한다.

① 하나님을 사랑하기 : 하나님을 최우선으로 사랑하고 그 뜻에 순종한다.

② 이웃을 사랑하기 : 이웃을 자신의 몸처럼 사랑한다.

③ 겸손함을 발견하기 : 자신이 무익한 종임을 고백하고, 하나님께서 공급해 주시는 힘으로 사역을 감당한다.

④ 섬김을 받는 사람을 우선으로 삼기 : 내 뜻과 유익보다는 섬김을 받는 사람의 필요를 중심으로 사역한다.

⑤ 따르는 자에게 힘을 부여하기 : 근본적으로 따르는 자들이 스스로 일어서서 또 하나의 섬기는 리더가 되도록 돕는다.

⑥ 섬기는 교회를 개발하기 : 교회는 섬김으로 상호 성장하여 섬기는 리더들의 공동체가 된다.

⑦ 그리스도 안에서 점진적으로 성장하기 : 크고 작은 성공과 실패의 경험 속에서 자기성찰과 수련과정을 통해 신앙적으로, 또한 인격적으로 성숙해 가려고 노력한다.

박재림, 김수웅은 그들의 책 「죽은 조직도 살리는 섬김의 리더십」에서 섬기는 리더의 열 가지 특징을 아래와 같이 소개하고 있다.[17]

① 경청(Listening) : 따르는 자들의 내면적 요구에 진심으로 귀를 기울이는 수용적 태도를 보인다.

② 공감(Empathy) : 따르는 자들의 상태와 생각에 깊이 공감한다.

③ 치유(Healing) : 상한 마음의 치유와 관계의 치유에 집중한다.

④ 인식(Awareness) : 하나님의 뜻과 상황, 그리고 따르는 자들의 가능성을 인식할 수 있다.

⑤ 설득(Persuasion) : 자신의 지위나 권력을 사용하기보다, 설득을 통해서 합의를 도출하여 결정을 유도한다.

⑥ 비전의 형상화(Conceptualization) : 일상적인 생각을 뛰어넘어 하나님이 함께하시는 삶을 통찰하고, 따르는 자들로 하여금 그 비전을 구체적으로 보게 도와준다.

⑦ 선견지명(Foresight) : 과거와 현재를 통해 미래를 내다볼 수 있는 능력이 있다.

⑧ 청지기(Stewardship) : 우리가 가진 모든 것이 하나님의 것이라는 고백의 삶을 산다.

⑨ 사람들의 성장을 위한 헌신(Commitment to the growth of others) : 모든 사람의 내재적 가치를 믿고, 각자가 이를 실현하도록 돕는다.

⑩ 공동체 만들기(Building Community) : 개인주의화의 결과 공동체 파괴를 경험하는 이 시대에 서로 섬기는 공동체를 만들어 간다.

5) 조직과 섬기는 리더십

켄 제닝스와 존 슈탈-베르트는 「섬기는 리더」라는 책에서 섬기는 리더는 피라미드 조직의 맨 밑에 있으면서 섬기는 사람들의 장점과 재능, 열정을 이끌어내기 위해 존재하는 사람이라고 설명한다.[18] 그리고 그는 책 전체를 통해 아래의 그림과 함께 섬기는 리더십의 핵심과 그 단계를 설명한다.

섬기는 리더

장점을 활용하라

길을 닦아라

기준을 높여라

피라미드를 뒤집어라

위대한 목표를
향해 달려라

(1) 위대한 목표를 향해 달려라

섬기는 리더는 위대한 목표를 추구하는 사람이다. 그는 따르는 사람들이 거부할 수 없는 분명한 목표가 있다. 그것을 위해 살고, 그것을 위해 죽을 수도 있는 정말로 중요한 목표는 사람들로 하여금 기꺼이 그 목표를 향해 달리게 한다. 그리고 리더는 그 속도를 조절한다. 이 위대한 목표는 섬기는 리더십의 첫 번째 핵심이다. 이로 말미암아 다음 단계가 따라온다. 리더십 모델이 위대한 목표라는 기반 위에 세워지지 않는다면, 다음 단계로 가는 열정을 불러일으킬 수 없다. 이 위대한 목표야말로 전체의 핵심이며 우리가 최고의 인생을 사는 데 필요한 모든 것을 제공한다.

(2) 피라미드를 뒤집어라

리더는 다른 사람을 섬기고 우선시함으로써 맨 앞에 설 자격을 얻게 된다. 그러기 위해서는 새로운 방식과 새로운 눈이 필요하다. 즉 리더는 피라미드의 맨 밑으로 가고, 다른 사람을 올려 세우는 일에 초점을 맞춘다. 그들의 성공은 곧 리더의 성공이기 때문이다. 리더가 자기를 억제하고 따르는 자들에게 열정과 자부심, 그리고 자신감을 북돋울 때 비로소 팀이 협력할 수 있다.

(3) 기준을 높여라

많은 사람을 섬기기 위해서는 우선 리더의 기준에 맞는 따르는 자를 몇 명 골라서 팀을 만들어야 한다. 그리고는 그들에게 확실히 높은 기준을 요구한다. 이것은 곧 예수가 사용한 모델이기도 하다. 예수는 많은 사람들 중에서 단지 12명만을 선발하여 그들과 함께 지내면서, 그들을 섬기고, 많은 시간을 보냈다. 그리고 그들에게도 예수가 한 것과 같이 다른 사람들을 세우고 섬길 것을 요청했다. 즉 섬기는 리더는 팀원들을 아낌없이 지지하며, 동시에 그들이 성취해야 할 높은 기준을 설정한다.

(4) 길을 닦아라

섬기는 리더는 따르는 자들에게 자신들의 목표를 성취하는 데 필요한 지식과 기술과 전략을 가르치고, 그들 앞에 놓인 장애물을 없애기 위해 열심히 노력한다. 가르쳐라, 그리고 장애물을 없애라. 이 두 가지는 섬기는 이 단계에서 섬기는 리더에게 가장 중요한 과제다. 섬기는 리더는 길을 닦는 사람이다. 섬기는 리더는 따르는 자들을 위해 길을 닦고, 가르치고, 장애물을 제거한다. 그러면 그 후에는 따르는 자들이 자신의 팀을 위해서 같은 일을 하게 된다. 이렇게 모든 사람들이 팔을 걷어붙이고 열심히 일할 때, 비로소 참다운 팀 공동체가 형성된다. 리더가 필요 없을 정도로 다른 사람에게 모든 것을 가르치면, 섬기는 리더의 가치가 훨씬 높아진다.

(5) 장점을 활용하라

섬기는 리더는 팀 공동체 내의 모든 사람들이 각자의 장점을 발휘하는 데 서로 관심하고 섬기도록 격려한다. 특히 섬기는 리더는 따르는 사람들이 자신들의 단점을 해결하기 위해 강점에 초점을 맞추도록 격려한다. 사람들은 자신의 장점을 발휘하며 살아갈 때 더 생산적이고 행복하게 된다. 최상의 팀은 각 개인의 장점을 최대한 활용할 수 있도록 하고, 서로의 단점들을 다른 팀원들이 보완해 주려고 노력한다.

3. 사명 리더십의 힘 - 인테그리티

사명 리더에게는 많은 난관에도 불구하고 하나님께서 주신 사명을 끝까지 수행해 나가는 힘이 필요하다. 리더의 힘과 능력을 생각할 때, 많은 사람들은 리더가 가진 지적, 심적, 기술적 능력 등을 떠올린다. 그러나 리더의 진정한 힘은 인테그리티(integrity), 곧 안과 밖이 일치하는 통전성에 있다. 이제 사명 리더의 인테그리티에 대해 논해 보자.

1) 인테그리티와 사명 리더십

사명 리더가 하나님의 일을 감당하는 것은 단순히 겉으로 드러나는 기독교 활동의 문제가 아니다. 사명 리더의 사역은 그 리더의 '인격의 연장'(an extension of character)이며, '온전함에 이르는 과정'(the process of being made whole)이다. 그러므로 영향력 있는 사역은 리더의 인격과 내적 통일성으로부터 흘러나온다.

인격은 리더의 내면적 삶과 연관된 '사람됨' 그 자체다. 이 부분은 다른 사람들에게 쉽게 드러나지 않는다. 대부분의 사람들이 주위의 사람들에게 좋은 인상을 주기 위해 겉사람을 치장한다. 그러나 참 나는 내 안에 있다. 그러므로 리더십의 핵심은 리더의 내면에 있다. 진정한 리더십을 원한다면 속사람이 변해야 한다. 사역의 열매는 리더의 내면의 결과기 때문이다. 그리고 하나님의 눈은 항상 리더의 속사람을 향해 있다. 그분은 리더의 동기와 욕망, 마음의 계획을 세밀하게 알고 계신다. 또한 하나님은 리더의 모든 사역이 진정으로 하나님을 사랑하는 마음에서 비롯되기를 원하신다. 그러므로 다른 사람들에게 보이기 위한 사역은 하나님 앞에서 아무 의미가 없다. 이 때문에 사탄은 하나님 나라 사역을 파괴하기 위해서 리더의 내적 통일성을 공격한다.

2) 인테그리티

인테그리티(integrity)는 기본적으로 진실성, 윤리, 도덕을 말한다. 그러나 이 단어는 보다 총체적인 의미를 내포하고 있다. 즉 인테그리티는 분리되지 않은 온전한 상태, 또는 흠이 없고 통일된, 구조가 양호한 상태를 말한다. 그러므로 인테그리티는 통합된 진실성, 즉 "전체가 분리되거나 변질되지 않고 흠 없이 통합되어 잘 돌아가는 상태를 말한다."[19] 이와 비슷한 말로는 통전(wholeness), 완전(completeness), 온전함(soundness) 등이 있다.

헨리 클라우드도 세상에서 영향력 있는 리더가 되기 위해서 세 가지가 필요함을 이야기한다. 그 첫째는 재능이나 능력이다. 어느 분야에서건 그 분야에 정통하고, 문제를 해결하는 능력을 가지고 있다. 둘째는 관계를 구축하는 능력으로서 리더들은 사람들과의 협력을 만들어냄으로써 시너지를 창출한다. 하지만 진정한 성공을 거두기 위해서는 세 번째 요소가 필요한데 그것이 일관된 진실성, 곧 인테그리티다.[20]

특히 사명 리더에게 인테그리티는 하나님과의 수직적 관계에서나 따르는 자와의 수평적 관계에서, 그리고 세상을 섬기고 변혁해 가는 과정에서 너무도 중요한 주제다. 리더가 온전함을 중요시하지 않을 때, 따르는 자들도 즉각적으로 혼란을 겪을 것이기 때문이다. 온전한 인격이 동반되지 않은 목회는 종교적 행위일 뿐이거나, 더 심하게는 종교 사업으로 전락한다. 그 결과 이러한 리더는 다른 사람들이 하나님께 나아가는 길에 걸림돌이 되고 만다. 반면에 리더가 하나님께 복종하는 가운데 온전해지면, 다른 사람들도 그 길을 따라 하나님께 나아올 수 있다. 그러므로 리더는 최선을 다해 인테그리티의 본이 되기 위해 노력해야 한다. 예수 그리스도는 제자들을 향해 간절한 마음으로 당부한다. "하늘에 계신 너희 아버지의 온전하심과 같이 너희도 온전하라."[21] 바울도 에베소교회를 향해 말한다. "오직 사랑 안에서 참된 것을 하여 범사에 그에게까지 자랄지라 그는 머리니 곧 그리스도라."[22]

하나님은 우주 구원의 큰 그림을 갖고 계시다. 그것은 모든 사람들이 하나님의 온전하심 안으로 들어오는 꿈이다. 하나님은 우리 각자의 그림을 그 안에 넣기를 원하신다. 리더가 그 그림을 볼 수 있을 때, 리더는 축복의 통로가 된다. 그러므로 리더는 먼저 하나님의 온전하심 안으로 들어가야 한다. 그것은 리더가 날마다 하나님을 묵상하고, 삶 속에서 그를 닮아가려고 노력할 때 가능하다. 또한 하나님께서 하신 것처럼 따르는 자들을 사랑하고, 진정으로 그들을 섬길 때 가능하다. 그리고 하나님의 뒤를 따라 세상으로 나가 세상을 사랑하고, 섬기며, 하나님 나라를 이뤄갈 때 가능하다. 이렇게 리더는 그의 전 삶을 통해 통일성, 성숙함, 온전함을 이루기 위해 최선을 다함으로써 다른 사람들을 하나님의 온전하심으로 인도하는 복의 통로가 되어야 한다.

3) 인테그리티 점검

인테그리티가 이토록 중요하기 때문에, 하나님께서는 사명 리더들을 더욱 성숙시키고 리더십을 배가하기 위해서 때때로 리더의 인테그리티를 점검(integrity check)하신다. 즉 하나님께서는 리더가 온전히 하나님을 섬기는지 점검하신다. 이 점검은 동료들과의 관계의 단절, 여러 가지 위기들, 금전적 문제, 성적 문제, 건강의 문제 등 매우 다양한 형태로 나타난다. 이때 리더가 기억할 것은 이 모든 어려움이 리더를 쓰러뜨리기 위한 유혹(temptation)이 아니라 리더가 온전히 하나님을 섬기는지 여부를 확인하는 점검(test)이라는 사실이다. 그리고 이 모든 점검은 하나님께서 리더를 더욱 더 온전케 하기 위한 것이다. 이 점검을 긍정적으로 처리한 리더는 한층 성숙한 단계에 이르는 반면, 부정적으로 다룬 리더는 영적 침체와 파멸에까지 이르기도 한다.

우리는 인테그리티 점검을 긍정적으로 다룸으로 영적인 성숙을 가져온 인물로 아브라함을 들 수 있다. 하나님은 아브라함의 인테그리티를 점검하기 위해 이삭을 번제로 드릴 것을 요구하셨다. 100세에 얻은 사랑스런 자식을 죽이는 것이 아브라함에게는 있을 수 없는 일이었고, 살을 에는 아픔이었을 것이다. 그러나 그는 이 명령에 순종함으로 하나님의 점검을 통과한다.

"사자가 이르시되 그 아이에게 네 손을 대지 말라 그에게 아무 일도 하지 말라 네가 네 아들 네 독자까지도 내게 아끼지 아니하였으니 내가 이제야 네가 하나님을 경외하는 줄을 아노라 …… 여호와의 사자가 하늘에서부터 두 번째 아브라함을 불러 이르시되 여호와께서 이르시기를 내가 나를 가리켜 맹세하노니 네가 이같이 행하여 네 아들 네 독자도 아끼지 아니하였은즉 내가 네게 큰 복을 주고 네 씨가 크게 번성하여 하늘의 별과 같고 바닷가의 모래와 같게 하리니 네 씨가 그 대적의 성문을 차지하리라 또 네 씨로 말미암아 천하 만민이 복을 받으리니 이는 네가 나의 말을 준행하였음이니라 하셨다 하니라"(창 22:12~18).

아브라함의 인테그리티 점검 과정은 아래와 같은 사이클을 보여준다. 사명 리더는 그의 사역 중에 인테그리티 점검을 받게 된다. 이는 성숙을 위한 호된 시련의 용광로와도 같다. 만약 이 시련 가운데서도 하나님의 명령에 순종하면 리더는 영적 성숙을 이루게 되고, 영향력의 지경을 넓히게 된다. 기억할 것은 이러한 과정이 리더의 인생 여정 속에 여러 번 반복될 수 있다는 것이다. 그러나 리더가 순종으로 이러한 시련을 받아들이면, 그는 계속적으로 성숙하고 하나님의 사명을 감당할 수 있다.

성숙의 사이클

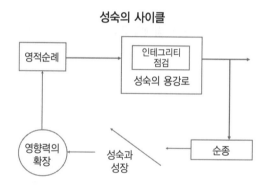

반면에 성경에는 하나님의 인테그리티 점검을 부정적으로 다룬 예도 있다. 이스라엘 백성이 하나님의 은혜로 이집트에서 해방되어 르비딤에 장막을 쳤을 때다. 해방의 기쁨이 채 가시기도 전에 그들이 맞닥뜨린 난관은 사막 한복판에서 물을 구할 수 없다는 것이었다. 이것은 이스라엘 백성을 향하신 하나님의 인테그리티 체크였다. 그러나 그들은 하나님을 의지하기보다는 모세와 하나님을 원망함으로 이 점검에 탈락하고 만다. 비록 모세가 호렙산 반석을 지팡이로 쳐서 물을 나게 했지만, 그들은 이미 하나님께 실망을 안겨주고 말았다. "그가 그곳 이름을 맛사라 또는 므리바라 불렀으니 이는 이스라엘 자손이 다투었음이요 또는 그들이 여호와를 시험하여 이르기를 여호와께서 우리 중에 계신가 아닌가 하였음이더라."[23]

이스라엘의 인테그리티 점검과정은 아래와 같은 사이클을 보여준다. 사명 리더는 그의 사역 가운데 하나님의 점검을 만난다. 이는 성숙을 위한 용광로와 같아서 이 점검에 합격하면 영적 성숙과 사역의 확장을 가져올 수 있다. 그러나 리더는 이 점검에 불순종함으로 영적 침체를 겪게 되고, 심하면 영적 죽음에까지 이르게 된다. 그러나 회생의 가능성은 있다. 그가 회개하고 영적 원기를 회복하면 하나님께서는 그에게 다시 기회를 주신다.

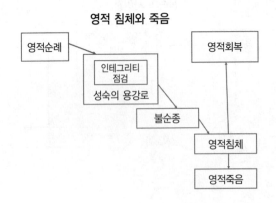

영적 침체와 죽음

4) 스스로의 점검사항

사명 리더의 내적 성숙과 통일성은 그의 사역에로 이어진다. 리더의 사명은 자신에게 맡겨진 사람들을 또 다른 사명 리더들로 세워가는 것이다.

이때도 중요한 것은 맡겨진 사람들의 속사람이 변화하는 것이다. 그러므로 리더나 따르는 자 모두는 내적 성숙과 통일성을 이루기 위해 전념해야 한다. 그럴 때 하나님은 그 온전한 인격과 삶을 통해 일하시므로 리더는 항상 다음과 같은 사항을 점검해야 한다.

① 리더는 그의 삶 속에 하나님의 부르심과 사명이 있음을 믿어야 한다.
② 리더의 동기는 하나님의 뜻에 따르는 데 있어야 한다.
③ 리더의 결정은 하나님의 사명과 일치해야 한다.
④ 리더의 목표는 하나님 백성을 양육하고 그의 나라를 확장하는 데 있어야 한다.
⑤ 타협하지 않으려고 결심해야 한다.
⑥ 사람이 아니라 하나님을 기쁘시게 하려고 노력해야 한다.

4. 사명 리더의 정체성 - 청지기

그리스도인은 모든 것이 하나님의 창조물이라는 고백을 기본으로 하고 있다. 사명 리더는 자신의 생명, 건강, 능력 등 모든 것이 하나님으로부터 왔다고 고백한다. 이렇게 볼 때, 우리 모두는 하나님이 맡겨주신 것을 하나님의 뜻대로 관리해야 하는 청지기들이다. 그러므로 청지기직은 사명 리더의 신분과 역할을 나타내 준다.

1) 크리스천 청지기직

청지기는 주인으로부터 맡겨진 것들을 관리하는 의무를 가진 사람이다.

그렇다면 크리스천 청지기란 하나님의 것을 맡아서 관리하는 그리스도인을 말한다. 크리스천 청지기 직은 자신의 시간, 능력, 물질적 소유, 영적 은사 등 모든 것이 하나님께로부터 왔으며, 이것들은 하나님과 이웃을 위해 사용되어야 한다는 고백을 표현한 말이다.

크리스천 청지기직은 우리의 신분과 역할을 나타내준다. 첫째, 우리는 하나님의 피조물이다. 그러므로 우리는 소유권을 주장할 수 없다. 이 세상에 존재하는 모든 것은 하나님의 목적대로 지음 받았다. 둘째, 그럼에도 불구하고 창조질서에 따르면 하나님은 사람에게 당신의 형상을 부여하셨다. 그리고 세상을 다스리라고 하셨다. 이는 사람에게 주어진 특별한 축복이다. 셋째, 하나님의 축복은 곧 의무로 다가온다. 사람은 하나님의 피조물을 하나님의 뜻에 따라 관리하는 대리인, 곧 청지기다. 청지기는 최선을 다해 하나님의 소유를 관리해야 한다.

(1) 누가 주인?

청지기직에 대한 논의의 핵심은 소유권에 대한 것이다. 지금 세상에 주어진 모든 것이 누구의 것인가에 대한 것이다. 이러한 소유권의 문제는 역사상 중요한 흐름들이 있다.[24]

그중에 가장 전통적인 것은 소유가 공동체에 속해 있다는 입장이다. 그들은 자신들이 소유한 땅과 가축들은 그들 모두의 것이기 때문에 어떤 한 사람이 소유권을 주장할 수 없다고 믿는다. 이러한 전통사회의 생각은 현대에 와서 공산주의 사상으로 이어진다. 세상의 부는 모든 사람들의 것이기 때문에 국가가 부를 관리해야 한다는 것이다. 이들에 따르면 자신들의 소유는 공동의 유익을 위해 써야 한다. 그러나 다른 공동체의 것은 전쟁을 통해 빼앗을 수 있다. 이는 세상의 전쟁과 침략을 정당화했다.

소유에 대한 또 하나의 흐름은 소유를 개인의 것으로 보는 것이다. 이는 근대산업사회와 자본주의가 확산되면서 사유재산이 강조되는 과정에서 일어났다. 이들에 의하면 부와 재산은 그것을 모은 사람의 것이다. 개인의 능력과 수고의 대가로 모은 것은 그 사람이 소유를 주장할 수 있다. 이러한 사상은 자연과학적인 주객 도식적 사고가 덧붙여지면서 더욱더 자기중심적이며 개인주의적 형태를 띠게 되었다. 특히 인간이 자연을 소유하고 있다는 생각은 생명체인 지구를 파괴하기에 이르렀다.

그러나 또 하나의 흐름이 있다. 그것은 모든 소유권이 하나님께 있다는 믿음이다. 이는 유대인이나 그리스도인과 같은 유일신 사상 속에서 드러난다. 이들은 세상의 모든 것이 하나님으로부터 왔기 때문에 이 세상에 존재하는 모든 것은 하나님의 것이라고 고백한다. 특별히 유대인들에게 땅과 자손은 하나님의 것이었다. 그들은 하나님께서 허락하신 약속의 땅이라는 신앙이 있었다. 그러기에 희년이 되면 현재 자신들이 소유하고 있는 땅을 처음 부여받았던 상태로 돌려놔야 한다고 주장했다. 기독교에서는 예수 그리스도의 소유권이 주장된다. 죽을 수밖에 없는 세상을 하나님께서 예수 그리스도를 통해 구원하셨다. 그러므로 세상은 하나님께 속해 있고, 예수 그리스도는 그 주인이다.

(2) 하나님께서 주인이다

사명 리더는 이 세상은 하나님의 창조로부터 시작되었다고 믿는다. 성서는 "태초에 하나님이 천지를 창조하시니라"라는 고백으로 시작한다.[25] 그리고 지어진 세상은 하나님이 보시기에 지극히 아름다웠다.[26] 시편기자도 하나님의 창조를 찬양하고 있다. "땅과 거기에 충만한 것과 세계와 그 가운데에 사는 자들은 다 여호와의 것이로다 여호와께서 그 터를 바다 위에 세우심이여 강들 위에 건설하셨도다."[27] 바울은 아덴 사람들에게 창조주 하나님을 다음과 같이 설명한다.

"우주와 그 가운데 있는 만물을 지으신 하나님께서는 천지의 주재시니 손으로 지은 전에 계시지 아니하시고 또 무엇이 부족한 것처럼 사람의 손으로 섬김을 받으시는 것이 아니니 이는 만민에게 생명과 호흡과 만물을 친히 주시는 이심이라"(행 17:24~25).

바울에 따르면 하나님은 지금도 일하시며 모든 생명체에게 생명과 호흡을 주고 계신다. 하나님의 생명 창조는 지금도 계속되고 있는 것이다. 베데스다 연못가의 38년 된 병자를 고쳐주시면서 예수께서는 "내 아버지께서 이제까지 일하시니 나도 일한다"고 하셨다.[28] 하나님과 예수 그리스도는 일하는 분이시기 때문에 사명 리더도 선한 청지기와 같이 최선을 다해 생명 창조의 일에 동참해야 한다.

혹 어떤 이는 내 지혜와 노력으로 재물을 얻었다고 말할 것이다. 그러나 성경은 이 또한 하나님께서 주신 것이라고 선언한다. "네 하나님 여호와를 기억하라 그가 네게 재물 얻을 능력을 주셨음이라."[29] 사람들에게 지혜, 건강, 시간 등 많은 능력을 주어서 재물을 얻게 하신 이는 하나님이시다.

크리스천 청지기직은 하나님 한 분만이 창조자이고 구원자이심을 주장한다. 우리는 그의 정원을 지키는 청지기일 뿐이다. 우리에게는 선택권이 없다. 충성된 청지기이거나 그렇지 못한 청지기일 뿐이다. 모든 인간은 청지기이다. 그것을 부정하거나, 긍정할 뿐이다. 더 나아가서 우리의 소유뿐만 아니라, 우리 자신도 그의 것이다. 그러므로 선한 청지기는 그분의 뜻대로 살아야 한다.

(3) 청지기직의 기본 원리들

사명 리더가 청지기직을 수행함에 있어서 가져야 할 기본적인 원리가 있다. 이 글에서는 세 가지를 점검하고자 한다.

첫째는 가치의 원리다. 하나님으로부터 온 모든 것이 귀하다. 그러므로 청지기로서의 사명 리더는 주위의 모든 것을 조심해서 최선을 다해 관리해야 한다. 이러한 고백은 사명 리더가 자신의 주위에 있는 모든 자원을 보다 가치 있게 창조적으로 사용하도록 돕는다.

둘째는 신실함의 원리다. 하나님께서는 사명 리더가 자신에게 맡겨진 것들을 신실하게 관리해 주기를 원하신다. "맡은 자들에게 구할 것은 충성이니라."[30] 그리고 사명 리더가 신실하게 청지기직을 감당하면 하나님의 칭찬이 따른다. "그 주인이 이르되 잘하였도다 착하고 충성된 종아 네가 적은 일에 충성하였으매 내가 많은 것을 네게 맡기리니 네 주인의 즐거움에 참여할지어다."[31]

셋째는 영원한 소유의 원리다. 사명 리더에게 영원한 것이 무엇일까? 그것은 이 세상이 아닌 하늘에 있는 것들이다. 그것만이 가치가 있다. 예수님은 사람들에게 다음과 같이 가르치신다.

"너희를 위하여 보물을 땅에 쌓아 두지 말라 거기는 좀과 동록이 해하며 도둑이 구멍을 뚫고 도둑질하느니라 오직 너희를 위하여 보물을 하늘에 쌓아 두라 거기는 좀이나 동록이 해하지 못하며 도둑이 구멍을 뚫지도 못하고 도둑질도 못하느니라 네 보물 있는 그 곳에는 네 마음도 있느니라"(마 6:19~21).

"또 내 이름을 위하여 집이나 형제나 자매나 부모나 자식이나 전토를 버린 자마다 여러 배를 받고 또 영생을 상속하리라"(마 19:29).

청지기에게 중요한 것은 무엇을 가졌느냐 못 가졌느냐의 문제가 아니고, 그것을 잘 관리할 수 있느냐의 문제다. 그러므로 청지기의 관리 의지와 관리 능력, 성실도, 열심 등이 중요하다. 또한 청지기가 작은 일에 충성하면, 하나님께서는 큰일도 맡기신다. 인생들에게는 언젠가 죽음의 날이 온다. 그리고 그들에게는 계산이 있을 것이다.

(4) 청지기의 실천

사명 리더는 구체적인 삶의 현장에서 청지기직을 실천해야 한다. 막연히 하나님의 소유권을 고백하는 것과 삶 속에서 청지기로 살아가는 것은 전혀 다른 문제다. 그러므로 다음과 같은 항목들은 필수적으로 점검되어야 한다.

첫째는 돈의 사용에 대한 것이다. 자본주의 사회에서는 돈이 중요하다. 심지어 돈이 숭배의 대상이 된다. 그러나 기독교 신앙에서 보면 이것은 우상숭배다. 절대가 아닌 것이 절대화되었다. 그로 말미암아 빈익빈 부익부 현상이 일어나고 가진 자와 갖지 못한 자가 생기게 되었다. 하지만 기억할 것은 사명 리더에게 맡겨진 돈은 하나님의 것이며, 분명한 목적이 있다는 사실이다. 그러므로 이 돈은 하나님께서 원하시는 곳에 사용되어야 한다. 사명 리더에게는 재물을 영원한 창고에 쌓아두는 지혜가 필요하다.

둘째는 시간의 청지기직이다. 많은 사람들이 돈의 청지기직은 인식하면서 시간의 청지기직에 대해서는 관심을 갖지 못한다. 그러나 하나님께서는 우리에게 생명을 주셨고, 이 생명은 곧 시간과 관계된다. 분명히 우리의 삶은 한계가 있다. 사람들은 시간은 돈이라고 말한다. 그러나 엄밀히 말하면 시간은 삶이요 생명이다. 한 시간을 낭비하면, 그만큼의 생명이 사라져 버린다. 나는 나의 생명을 버리고 있는 것이다. 게다가 하나님이 주신 시간을 낭비하는 것은 죄다. 사명을 감당하라고 주신 시간을 나의 멋대로 사용하기 때문이다. 그러므로 한계 있는 시간을 하나님의 뜻에 맞게 관리하는 것은 청지기로서의 사명이다.

셋째로 청지기는 자신의 영적 상태를 관리해야 한다. 하나님과의 교제,

기도와 예배, 찬양 생활을 통해 자신의 영적 건강을 유지하고, 영적인 부요함을 누려야 한다. 하나님은 영육 간에 균형 잡히고 건강한 리더를 원하신다. 또한 그러한 리더와 교제하기 원하신다. 그러므로 청지기로서의 사명 리더는 항상 영적 건강을 유지해야 한다.

넷째로 청지기는 자신의 성품을 관리해야 한다. 성령의 열매인 사랑과 희락과 화평과 오래 참음과 자비와 양선과 충성과 온유와 절제가 성품으로 자리 잡도록 기도하고 노력해야 한다.[32] 또한 사명 리더에게 사랑으로부터 비롯되는 성품들은 매우 중요하다. 고린도전서에 언급된 사랑의 성품은 오래 참고, 온유하며, 시기하지 않으며, 자랑하지 않으며, 교만하지 않으며, 무례히 행하지 않고, 자기의 유익을 구하지 않고, 성내지 않으며, 악한 것을 생각하지 않으며, 불의를 기뻐하지 않고, 진리와 함께 기뻐하고, 모든 것을 참으며, 모든 것을 믿으며, 모든 것을 바라며, 모든 것을 견딘다고 말한다.[33] 리더는 이러한 사랑으로 말미암는 성품을 유지해야 한다.

다섯째로 사명 리더는 건강을 관리하는 청지기직을 잊지 말아야 한다. 우리 몸은 하나님이 거하시는 전이다. 이것은 영적인 면만을 의미하지 않는다. 과식, 술, 담배, 운동부족 등으로 하나님이 거하시는 몸의 건강을 해치면 안 된다. 사명 리더는 건강한 몸을 유지함으로 맡겨진 많은 일들을 감당할 수 있어야 한다. 그러기 위해서는 지속적인 신체 단련, 건강한 식습관, 적절한 휴식이 필요하다.

후안 까를로스는 이렇게 조언한다. "먼저 자신이 갖고 있는 모든 것의 리스트를 만들라. 그리고 리스트에 있는 모든 것이 하나님의 것이며, 자신은 그 모든 것의 청지기임을 고백하라. 이제 각 리스트를 그분의 뜻에 따라 평가하라. 이렇게 소유권을 이전하면, 하나님은 그것을 당신의 뜻대로 사용하신다. 자신의 소유권을 그분에게 돌려드려라. 그러면 그분이 어떻게 해야 할지를 말씀하실 것이다."

5. 되짚어보기

이 장에서 우리는 사명 리더십의 특징들을 살펴보았다. 우리가 다룬 주제들은 다음과 같다.

첫째 사명 리더십의 동기와 원동력은 하나님의 사랑에서 비롯된다. 그러므로 사명 리더는 먼저 하나님의 사랑을 깨닫고 고백할 수 있어야 한다. 이 고백이 넘쳐날 때에야 비로소 리더는 따르는 자를 사랑할 수 있게 된다. 그리고 이 사랑만이 끝까지 남는 리더십의 원동력이 된다.

둘째, 사명 리더십의 스타일은 섬김으로 나타난다. 사명 리더십의 동기와 원동력이 사랑이라면, 그 표현은 섬김으로 표현된다. 이 섬김의 궁극적 목표는 따르는 자가 리더처럼 하나님의 소명에 응답하여 또 하나의 리더가 되도록 돕는 것이다.

셋째, 사명 리더십의 진정한 힘은 인테그리티(통전성)에서 나온다. 이는 안과 밖이 일치하는 것이다. 진정한 리더십은 인격의 연장이며, 리더십은 속사람이 결정한다.

넷째, 사명 리더십의 정체성은 청지기(steward)다. 리더에게 부여된 모든 것은 리더의 것이 아니라 하나님의 것이다. 리더는 그것을 맡아서 관리하는 청지기일 뿐이다. 그러므로 리더는 항상 하나님의 뜻에 따라 자신의 능력과 소유를 사용해야 한다.

이 장에서 다뤄진 주제들은 서로 연결되어 있다. 그러므로 이 네 가지 주제들은 리더의 삶 속에 통합적으로 자연스럽게 나타나야 한다. 그러나 통전적 리더는 하루아침에 이뤄지지 않는다. 사명 리더십은 마치 사명 나무가 자라듯 점차적으로 믿음의 뿌리가 내리고, 비전이 자라며, 내적으로 강건해지고, 실패를 두려워하지 않고 세상에 나가 섬기고 선교하는 과정에서 성장할 것이다.

1. 내 속에 하나님을 사랑하는 마음이 간절한지 살펴보자. 또한 나는 따르는 자들을 진심으로 사랑하고 있는지 되돌아보자.

2. 나는 따르는 자를 또 하나의 리더로 세우기 위해 노력하고 있는가? 그렇다면 구체적으로 어떤 계획을 가지고 있는가?

3. 나의 속사람은 건강한가? 내 삶의 인테그리티(통전성)를 이루기 위해 해야 할 일은 무엇인가?

4. 나는 자신을 하나님 앞에 청지기로 고백하고 있는가? 이를 위해 구체적으로 무엇을 하고 있는가?

4

사명 리더의 네 방향 성장

말씀 묵상

"복 있는 사람은 악인들의 꾀를 따르지 아니하며 죄인들의 길에 서지 아니하며 오만한 자들의 자리에 앉지 아니하고 오직 여호와의 율법을 즐거워하여 그의 율법을 주야로 묵상하는도다 그는 시냇가에 심은 나무가 철을 따라 열매를 맺으며 그 잎사귀가 마르지 아니함 같으니 그가 하는 모든 일이 다 형통하리로다"(시 1:1~3).

사명 리더십은 하나의 생명과정이다. 그렇기 때문에 사명 리더십은 어떤 방법론이나 기술을 익혀서 만들어지는 것이 아니다. 그것은 사명 리더의 존재방식이나 생명운동과 연결된다. 이것을 나무의 성장과정에 비추어 생각해 보자.

큰 나무와 같은 사람

잠시 당신의 상상력을 활용해 보라. 눈을 감고 당신의 왼쪽에 마치 묘목과 같은 작은 나무를 떠올려보자. 그 모습이 그려지는가? 이번엔 오른쪽에 우람하고 강한, 푸르른 나뭇잎을 넓게 드리운, 세상 풍파를 다 이겨낸, 한마디로 건강하고 장성한 나무를 떠올려보자. 입이 떡 벌어지고 감탄이 절로 나오는 나무가 내 앞에 서 있는가? 이제 이 두 나무를 보면 무슨 생각이 떠오르는가?

먼저 떠올린 왼쪽의 작은 나무는 너무도 가냘파서 조금만 가뭄이 닥치면 곧 말라죽고 만다. 또한 주위의 다른 생명체들에게 도움을 주기는커녕 오히려 도움을 받아야 한다. 그러나 나중에 오른쪽에 떠올린 큰 나무는 지나가는 지친 나그네에게 시원한 그늘을 줄 수 있고, 새들과 산짐승들의 깃들 처소가 되기도 한다. 깊고 넓게 내려진 뿌리는 토사가 유실되지 않게 지켜주고, 가뭄에 물이 마르지 않게 한다. 이런 나무는 제철이 되면 풍성한 열매를 맺는다.

우리 사람도 마찬가지다. 인품의 문제일까? 도량의 문제일까? 신앙의 성숙도의 문제일까? 어떤 사람은 혼자 서기도 힘들어서 주위의 많은 사람들의 도움을 받으면서 산다. 그래서 그는 다른 사람들의 짐이 되거나, 공동체에 어려움을 야기하는 사람이 될 때도 있다. 반면에 "저분은 참 크신 분이야"라는 감탄과 존경을 받는 사람도 있다. 그는 누구에게나 위로가 될 수 있는 사람이다. 그것도 잠시만이 아니라 오래 오래 그 곁에 머물러 있을 수 있는 사람이다. 그는 어떤 성향의 사람이라 할지라도 다 그 안에서 용해될 수 있는 사람이고, 적들까지도 존경할 만한 사람이다. 아니 그에게는 적이 없다. 그에게는 그늘이 많아서 사람이 많이 모인다.

이렇게 참으로 거목과 같은 분으로는 예수님이 가장 적절한 모델이다. 바리새인, 사두개인, 부자 청년, 심지어 로마의 총독, 헤롯 왕 등 당대의 지도자들이 그분에게 생명의 길과 진리에 대해 물었다. 그는 비록 가난한 목수의 아들이었고 나이도 어린 사람이었지만 당대의 지도자들이 범접하지 못할 강한 영향력이 있었다. 그러나 특이하게도 그분의 큰 나무 밑에는 언제나 병들고 힘없고 가진 것 없어서 삶에서 지친 사람들이 쉬러 깃들이고, 그곳에서 쉼을 얻고, 새 힘을 얻어서 세상을 향해 힘차게 나갔다. 그분은 이런 사람들을 향해 항상 열려 있었다. 그분은 이들을 향해, "수고하고 무거운 짐 진 자들아 다 내게로 오라 내가 너희를 쉬게 하리라"[1]고 했다.

세상에서 약삭빠르고 소위 세상 사람들이 크다고 하는, 그러나 사실은 작은 나무들 주위에는 세상 출세를 바라는 사람들이 모여들었다가 나무의 힘이 쇠하면 썰물처럼 떠나가 버린다. 그러나 참으로 위대하고 크신 그분에게는 세상에서 버림받고, 가망이 없다고 손가락질 당하던 사람들이 모여들었다. 놀랍게도 그들은 하나님 나라의 비전으로 무장된 용사들이 되었고, 담대하게 세상으로 나갔다. 이렇게 변화된 사람들은 당대에 힘 있고 지식 있는 사람들을 부끄럽게 만들었다.

그렇다면 지금 이 시대에 소위 크다고 하는 인물들을 살펴보자. 그들의 주위에는 누가 모이고 있는가? 세상 출세를 바라는 약삭빠르고 번드르르한 재주꾼들이 모이고 있는가? 아니면 진정 도움이 필요한 사람들이 모여들어서, 위로받고, 변화되고 있는가? 우리는 참으로 큰 인물을 구분할 수 있는 눈을 가져야 하겠다.

그리고 또 한 가지 기억할 중요한 사실이 있다. 그리스도인으로서 우리는 남들에게 깃들려고 하기보다는 다른 사람들이 쉬고, 변화될 수 있도록, 내 스스로가 성숙한 나무가 되어야 한다는 것이다. 그렇다면 어떻게 성숙한 나무가 될 수 있을까?

씨앗 : 가능태

나무의 성장은 씨앗에서 시작된다. 성숙한 나무가 되었을 때의 형태와는 전혀 다르지만, 그 씨앗에는 성숙한 나무의 가능태가 존재한다. 콩 심은 데 콩 나고, 팥 심은 데 팥 난다는 옛말은 그 씨앗만의 고유한 창조주의 손길을 기억하게 한다. 인간은 태어나면서부터 그의 고유한 미래를 꿈꿀 수 있는 가능태인 것이다.

사명 리더도 처음에는 작은 씨앗과 같다. 이 단계에서 그가 미래에 어떤 인물이 될 것인지를 미리 알기란 결코 쉽지 않다. 그러나 한 가지 분명한 것은 하나님께서는 분명한 목적을 가지고 각 사람에게 생명을 허락하셨다는 사실이다. 이러한 목적은 아직 어린 아기에게는 하나의 가능태로 존재한다. 일단 씨앗이 땅 속에 심겨지면 서서히 변화가 일어나듯이, 사람들도 하나님 안에서 성장하기 시작한다. 믿음의 뿌리가 내리고, 삶 속에서 줄기와 잎이 나고, 영향력의 열매가 맺혀지는 것이다.

네 방향의 성장

나무는 크게 네 방향으로 성장한다. 그것은 '아래로 뿌리 내리기, 위로 줄기가 자라기, 안으로 나이테가 생기면서 단단해져 가기, 밖으로 줄기가 뻗어 나가기'다. 이것을 필자는 사명 리더의 성장과 연결하여 다음과 같이 정리해 보았다.

① **아래로의 성장** : 하나님의 사랑의 토양에 믿음 뿌리 내리기
② **위로의 성장** : 믿음의 성장만큼 비전과 사명의 고백, 삶의 목표라는 줄기가 자라기
③ **안으로의 성장** : 삶의 연륜 속에서 지식과 지혜, 내적 성숙, 인테그리티의 나이테를 형성하기
④ **밖으로의 성장** : 섬김과 전도의 사명을 감당하는 가지를 뻗어나가기

사명 리더십 네 방향의 성장

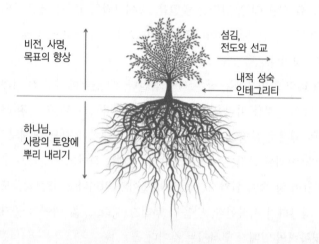

비전, 사명,
목표의 향상

섬김,
전도와 선교

내적 성숙
인테그리티

하나님,
사랑의 토양에
뿌리 내리기

1. 나무는 아래를 향해서 자란다

뿌리의 성장

더 깊은 차원

말씀,
기도,
예배,
영성생활을 통한
하나님의 사랑의 확신
하나님과 하나됨

씨앗이 나무를 향해 변화할 때 제일 처음 일어나는 변화는 뿌리 내림 운동이다. 그리고 성장의 전 과정에서 나무는 계속적으로 아래를 향해 뿌리를 더 깊이 박고, 더 넓게 확장해 간다. 이렇게 깊고 넓게 뿌리를 내릴수록 나무는 더욱더 건강한 나무가 된다. 때론 폭풍이 몰아쳐 줄기가 부러질 때도 있다. 그러나 뿌리를 깊이 내린 나무는 부러진 둥지에서 다시 새싹을 피운다.

그리스도인도 아래를 향한 성장이 필요하다. 소위 믿음의 뿌리가 내리는 것이다. "믿음으로 말미암아 그리스도께서 너희 마음에 계시게 하시옵고 너희가 사랑 가운데서 뿌리가 박히고 터가 굳어져서 능히 모든 성도와 함께 지식에 넘치는 그리스도의 사랑을 알고 그 너비와 길이와 높이와 깊이가 어떠함을 깨달아 하나님의 모든 충만하신 것으로 너희에게 충만하게 하시기를 구하노라"(엡 3:17~19). 이것은 하나님을 더욱더 알아가고, 그분과 더욱 친밀해지며, 확실한 신뢰관계에 들어가는 과정이다.

뿌리 내리는 과정 동안 사명 리더는 적어도 아래의 네 가지 방법을 통해 하나님과의 관계를 확고히 한다. 이러한 과정은 그로 하여금 믿음의 뿌리를 하나님의 사랑의 터 위에 굳건히 내리게 한다.

① **예배의 뿌리** : 이는 날마다 하나님을 찬양하는 삶을 통해 이뤄진다. 주일의 공적 예배뿐만 아니라 그의 일상의 삶 속에서 하나님은 영광과 찬양을 받으실 분이 된다.

② **말씀의 뿌리** : 우리에게 주어진 기록된 계시인 성경을 통해 하나님의 뜻을 더 많이, 더 깊게 알아가게 된다.

③ **기도의 뿌리** : 하나님의 음성을 듣는 가운데 하나님의 마음을 더 깊이 알게 되고, 하나님의 음성에 순종하는 결단을 통해 전폭적인 삶이 하나님과 하나가 된다.

④ **실천의 뿌리** : 위의 세 과정을 통해 사명 리더는 산제사로 드리는 삶을 살게 되며, 하나님이 거하시는 전이 되어 간다.

대부분의 나무뿌리는 주뿌리와 잔뿌리로 구분된다. 주뿌리는 인생의 획을 그을 수 있는 하나님을 만나는 체험, 하나님의 뜻을 깨달은 체험, 하나과 하나 됨을 경험했던 기쁨과 감격의 체험들이다. 그러나 하나님은 이러한 극적인 체험만을 통해 만나지는 것은 아니다. 나무뿌리에도 수많은 잔뿌리가 있듯이 우리의 삶 속의 잔잔한 작은 경험들 가운데서도 하나님은 우리를 만나시고 관계하신다. 이러한 잔뿌리들은 나무로 하여금 더욱 견고히 땅에 밀착시키고, 더욱더 많은 양분과 수분을 흡수토록 한다.

사명 리더도 크고 작은 뿌리 내림을 통해 하나님과 더욱 밀접해지고, 굳건한 관계를 형성하게 된다. 하나님과 떨어지려 해도 떨어질 수 없는 삶이야말로 사명 리더들을 힘 있게 만든다. 그럴 때 세상의 그 어떤 시련과 시험, 고통과 슬픔도 신앙의 뿌리를 뽑아낼 수 없게 된다.

"너희는 믿음을 굳건하게 하여 그를 대적하라 이는 세상에 있는 너희 형제들도 동일한 고난을 당하는 줄을 앎이라 모든 은혜의 하나님 곧 그리스도 안에서 너희를 부르사 자기의 영원한 영광에 들어가게 하신 이가 잠깐 고난을 당한 너희를 친히 온전하게 하시며 굳건하게 하시며 강하게 하시며 터를 견고하게 하시리라"(벧전 5:9~10).

2. 나무는 위를 향해서 자란다

줄기의 성장

더 높은 차원

비전(Vision)
사명(Mission)
목표 설정(Goal-setting)
계획(Planning)

나무는 밑으로 자라는 것과 동시에 위로도 자란다. 처음에는 새싹이 나지만, 점점 자라서 나중에는 큰 나무가 된다. 오히려 자라지 않는 나무는 건강하지 못한 나무다. 이러한 나무는 충분히 성숙하기 전까지는 열매를 제대로 맺지도 못하고, 유용하지도 않다. 나무가 나무의 구실을 하기 위해서는 계속적으로 자라나야 한다. 그리고 건강한 나무는 평생 위를 향한 성장의 노력을 계속한다.

사명 리더도 위를 향한 성장이 필요하다. 이것은 비전과 꿈의 성장을 의미한다. 또한 이 과정에서 사명 리더는 사명의 크기의 성장을 체험한다. 더나가서 삶 속에서 추구할 목표가 더욱 높고 원대해진다. 바울은 사명 리더의 눈높이와 추구하는 것이 예수 그리스도에게까지 자라나야 한다고 말한다. "오직 사랑 안에서 참된 것을 하여 범사에 그에게까지 자랄지라 그는 머리니 곧 그리스도라."[2] 예수께서도 우리가 하나님의 마음을 품을 수 있을만큼 자라나야 한다고 요구한다. "그러므로 하늘에 계신 너희 아버지의 온전하심과 같이 너희도 온전하라."[3] 우리의 성장 목표는 땅 끝까지 파송하시는 예수 그리스도의 비전을 품는 것이요, 전 우주를 사랑하시는 하나님의 마음을 품는 데까지 이르는 것이다.

뿌리 내림을 통해 하나님의 마음을 느끼고 깨달은 만큼 사명 리더의 눈높이도 높아지고, 전 세계를 품게 된다. 「갈매기의 꿈」에서 갈매기 조나단은 "가장 높이 나는 새가 가장 멀리 본다"고 말한다.[4] 리더의 비전의 높이가 더해질수록 리더는 더 멀리 볼 수 있게 된다.

또한 뿌리 내림을 통해 하나님을 신뢰한 만큼 사명 리더는 더욱 담대해져 꿈꿀 수 있게 된다. 리더를 사랑하시고 지키시며, 주신 사명을 감당할 수 있도록 힘주시는 하나님을 신뢰할수록 리더는 더욱 큰 용기를 낼 수 있다. 많은 사람들이 자신의 능력을 신뢰하지 못함으로 꿈을 꿀 용기를 내지 못한다. 자신의 환경을 보며 마음속에 품었던 비전을 포기한다. 그러나 그 비전이 리더를 사랑하시는 하나님으로부터 왔고, 그것을 이루실 이도 그 하나님이라는 것을 확신한다면 리더는 담대히 목표를 설정할 수 있다.

① 비전 줄기의 성장 : 사명 리더의 비전은 사사로운 비전이 아니다. 그 비전은 하나님께서 주신 것이기 때문에 하나님의 구원의 역사 안에서 전우주적으로 성취되어야 할 종말론적 비전과 연결된다.

② 사명 줄기의 성장 : 사명 리더에게 주어진 비전은 곧 그 비전을 성취해 가야 하는 사명으로 이어진다. 그리고 그 사명은 전우주적으로 확대된다. 비록 그 역할이 지극히 작고 미약한 것처럼 보여도, 그것은 전우주적인 구원의 드라마에서 주어진 세상에서 단 하나뿐인 그만의 배역이다. 그러므로 사명 리더들은 하나님의 구속사역을 이루기 위해 서로 협력해야 한다.

③ 목표 줄기의 성장 : 비전과 사명의 성장은 목표의 성장으로 이어진다. 즉 사명 리더의 목표는 개인적인 작은 목표에서부터 전우주적인 협력적 목표로 바뀌게 된다. 인간적인 시각에서는 불가능해 보이는 목표라고 할지라도, 하나님을 신뢰하는 믿음뿌리를 내린 리더는 담대하게 목표를 향해 나간다. 그 목표는 한 개인이 이룰 것이 아니라, 하나님께서 사람들을 연결하고 시너지를 창출해서 이루실 것이라는 것을 믿기 때문이다.

위로 자라나는 과정을 통해 사명 리더의 비전과 사명은 신앙 안에서 전우주적으로 확장되며, 구체적으로는 전지구적인 목표를 갖게 된다. 이는 함께 협력하며 전지구적으로 하나님 나라를 확장해갈 수 있는 근거가 된다.

3. 나무는 안으로 자란다

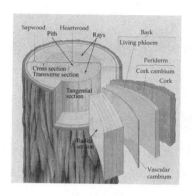

안으로의 성장

더 강건하게

경험과 연륜,
지혜와 지식,
윤리적 삶,
내적 강인함,
내적 치유,
안과 밖의 일치

　나무는 아래로, 그리고 위로 자라는 것과 동시에 안으로 자란다. 묘목과 같이 한 해가 채 안 된 나무의 줄기는 나무 테 하나 없이 푸르스름하고 힘이 없다. 그러나 해가 갈수록 나무는 나이테가 늘어가고, 그와 함께 내적으로 단단해져 간다. 이렇게 안으로 자라나는 생명운동이 없이는 건강하고 강한 나무가 될 수 없다.

　이 과정에서 나무는 옹이나 썩은 부분이 없어야 한다. 그래야 오래도록 건강하게 성장할 수 있다. 특히 안으로 건강하고 썩지 않은 나무는 건축이나 종이를 만드는 등 여러 가지 용도로도 귀하게 쓰인다.

　사명 리더도 안을 향해 자라나야 한다. 바울도 "그의 영광의 풍성함을 따라 그의 성령으로 말미암아 너희 속사람을 능력으로 강건하게 하시오며"라고 했다.[5] 내적 성숙과 강건함의 중요성을 강조한 말이다. 또한 마음의 옹이가 없어야 한다. 혹시 상처가 있다면 먼저 내적 치유를 위해 노력해야 한다. 그렇지 않을 때 다른 사람들에게 상처를 준다. 더 나아가서 사명 리더는 윤리적으로도 흠이 없어야 한다. 많은 지도자들이 윤리적인 문제로 중간에서 도태되는 것을 본다. 사명 리더에게는 정직과 신실성이 무엇보다도 중요하다.

① **경험과 연륜의 성장** : 사명 리더는 자신의 삶과 많은 경험을 통해 성장한다. 때로는 실패할 때도 있지만, 이러한 경험은 리더를 내적으로 성숙하고 강하게 만든다.

② **지혜와 지식의 성장** : 지혜와 지식은 삶 속에서 얻기도 하지만, 스스로 열심히 노력하고 준비함으로 갖춰지기도 한다. 사명 리더는 이러한 내적 지혜와 지식을 강화하기 위해 노력해야 한다.

③ **윤리적 삶의 성숙** : 많은 사람들이 어릴 때는 맑은 윤리의식을 소유하고 있지만 성인이 되면 비윤리적인 세상과 타협하게 된다. 그러나 사명 리더들은 그 영향력이 증대될수록 더욱 윤리적이 되어야 한다. 이러한 태도는 리더십을 더욱 힘 있게 만든다.

④ **내적 치유** : 모든 사람은 인생을 살다 보면 상처를 주고받는다. 그런데 이러한 상처가 적절하게 치유되지 않으면 리더가 된 후에도 많은 사람들에게 상처를 주는 가시로 남게 된다. 그러므로 사명 리더는 성령의 치유 능력 안에서 내적 치유에 힘써야 한다.

⑤ **인테그리티** : 인테그리티는 모든 것이 온전하고, 통일되고 일관된 상태를 말한다. 특히 안과 밖이 일치하는 인테그리티는 사명 리더에게 있어서 너무도 중요하다. 이러한 사람은 시대와 환경에 지배받지 않는 참된 능력을 갖추게 된다. 참된 능력은 안과 밖이 일치할 때 나타나기 때문이다. 이러한 리더는 진정 외유내강의 리더십을 발휘할 수 있다. 사명 리더는 말이나 방법이 아니라 인격과 인테그리티로 사역을 할 때 참된 능력을 발휘한다.

안으로 건강하고 단단하게 자라나는 것은 사명 리더가 꾸는 꿈을 구체적으로 성취할 수 있는 가능성을 높여준다. 많은 사람들이 현실적인 능력 없이 꿈만 꾸면서 살아간다. 그럴 때 그들의 꿈은 한낱 몽상에 지나지 않는다.

그러나 성실하게 능력과 인격, 사람됨을 갖춰나가면 꿈은 어느덧 현실이 될 수 있다.

4. 나무는 밖을 향해서 자라난다

잎사귀/열매
영향력과
변화능력의
확장

가지
섬김,
전도와 선교의
확장

나무는 밑으로, 위로, 안으로 자라는 것과 함께 밖을 향해 자란다. 나무가 작을 때는 가지도 그리 넓게 뻗지 못한다. 그러나 나무가 성장해 가면서 가지의 굵기도 더 굵어지고 뻗는 반경도 더 넓어진다. 그리고 잎사귀도 무성하게 된다.

밖으로 자라나는 나무는 남을 돕는 손길을 상징한다. 하나님께서 세상에 베풀어주시는 사랑, 섬김, 희생, 생명의 모습이 사명 리더의 모습과 활동 속에 나타나야 한다. 구체적으로는 주위의 사람들을 사랑으로 섬기고, 예수 그리스도를 말과 행동으로 증거하며, 그 영역을 글로벌 세계에까지 확대하는 것이 중요하다. 건강한 사명 리더는 밖으로 가지를 뻗는 것과 같은 섬김과 전도, 그리고 선교활동의 확장을 보여야 한다.

사명이라는 관점에서 보면 나무가 밑으로, 위로, 안으로 자라는 이유는 밖을 향해 나가기 위해서다. 성서에서 하나님이 사람을 선택하는 이유는 사명을 주어 파송하기 위함이었다. 베드로전서 2장 9~10절은 이것을 잘 표현하고 있다.

"그러나 너희는 택하신 족속이요 왕 같은 제사장들이요 거룩한 나라요 그의 소유가 된 백성이니 이는 너희를 어두운 데서 불러 내어 그의 기이한 빛에 들어가게 하신 이의 아름다운 덕을 선포하게 하려 하심이라 너희가 전에는 백성이 아니더니 이제는 하나님의 백성이요 전에는 긍휼을 얻지 못하였더니 이제는 긍휼을 얻은 자니라"(벧전 2:9~10).

본문을 보면 하나님께서는 리더에게 사명을 주고 세상으로 파송하시기 위해 먼저 그들을 거룩한 존재로 만드신다. 즉 죄인이었고 백성이 아니었던 그들이었지만, 하나님의 긍휼을 입은 택하신 족속, 왕 같은 제사장, 거룩한 나라, 그의 소유된 백성이 되었다. 이는 존재에로의 부름이고 하나님은 이런 리더를 원하신다. 그가 하나님의 동역자가 되어야 하기 때문이다. 이렇듯 하나님이 원하시는 존재가 되기 위해 밑으로, 위로, 안으로 성장했다면, 그 이유는 밖으로 나가기 위해서다. 세상 한 가운데서 하나님의 아름다운 덕을 삶으로 선전하게 하기 위해 하나님은 저마다에게 사명의 환경과 일터를 주신다. 그러므로 각자는 자신이 속한 가정, 직장, 지역사회, 세계 속으로 파송받아 최선을 다해 사명자로 살아야 한다.

성서 전체에서 삼위일체 하나님은 당신의 사람들을 세상으로 파송하시는 분이시다. 하나님은 사명 리더들이 교회 안에 머물러 있지 않고, 세상의 소금과 빛이 되어서 그들의 착한 행실을 통해 하나님께 영광을 돌리기를 원하신다.[6] 또한 예수 그리스도는 제자들을 세상으로 파송하면서 모든 민족을 제자 삼으라고 하셨다.[7] 성령 하나님은 제자들에게 권능을 주시고 예루

살렘에서부터 온 유대와 사마리아와 땅 끝까지 이르러 예수 그리스도의 증인이 되라고 하신다.[8]

특히 사명 리더는 따르는 자들을 향한 섬김을 잊지 말아야 한다. 그들이 자신과 같이 성장하여 사명을 감당하도록 도와야 한다. 그럴 때 사명 리더는 따르는 자들을 동역자로 세워 더욱더 큰 사명을 감당하게 된다.

5. 영향력의 과실을 향하여

밑으로, 위로, 안으로, 밖으로 성장한 나무는 열매를 맺게 된다. 이 열매는 나무의 성장과 비례한다. 즉 나무가 성장하면 할수록 더욱 탐스런 열매가 맺히게 된다.

이러한 열매는 리더의 영향력과 사역의 결과를 상징한다. 시냇가에 심은 나무가 시절을 좇아 과실을 맺는 것과 같이 리더 주변에 아름다운 영향력이 나타난다. 그러므로 사명 리더의 네 방향의 성장과 성숙은 영향력의 크기를 결정한다. 그리고 그 결과 하나님께서 영광을 받으시게 된다.

"너희가 내 안에 거하고 내 말이 너희 안에 거하면 무엇이든지 원하는 대로 구하라 그리하면 이루리라 너희가 열매를 많이 맺으면 내 아버지께서 영광을 받으실 것이요 너희는 내 제자가 되리라"(요 15:7~8).

그러나 조금 더 생각을 진전시켜 보자. 과연 이것이 사명 리더십의 종착점일까? 우리는 또 다른 나무의 이야기를 「아낌없이 주는 나무(The Giving Tree)」에서 만난다.[9]

나무와 소년이 살고 있었다. 둘은 서로를 사랑하며, 그렇게 많은 시간을 보냈다. 어느덧 소년이 자라서 성인이 되었을 때, 그 소년은 세상에 나가 즐기기 위한 돈이 필요하다고 말했다. 그래서 나무는 사과를 주었고, 소년은 사과를 따가서는 오랫동안 돌아오지 않았다. 한참 후에 돌아온 소년은 집을 요구했고, 나무는 자신의 가지를 주었다. 또 오랜 세월이 흐른 후에 돌아온 소년은 멀리 떠날 수 있는 배를 원했고, 나무는 자신의 줄기를 주었다. 배를 타고 멀리 떠났던 소년이 오랜 세월이 흐른 뒤 다시 돌아왔을 때, 나무는 다 늙어버린 나무 밑둥이만 남아서 더 이상 줄 것이 없었다. 그런데 이미 노인이 된 소년이 필요한 것은 단지 앉아서 쉴 조용한 장소였다. 나무는 안간힘을 다해 굽은 몸뚱이를 펴서 소년이 쉴 곳을 만들어 주었고, 그래서 나무는 행복했다

밑둥이만 남은 나무가 자신의 모든 것을 소년에게 주는 모습은 우리에게 깊은 감동을 준다. 그리고 우리는 비로소 사람들에게 깊은 영향력을 주는 이유를 깨닫는다. 그것은 아낌없는 자기희생이요 섬김이다. 우리는 등걸만 남은 그 나무 뒤에 서 있는 위대한 거목을 느낄 수 있다.

우리는 이러한 리더십을 예수 그분에게서 본다. 그분은 우리를 위해 아낌없이 주시는 분이시다. 그리고 마지막에는 십자가에서 자신의 생명을 아낌없이 주셨다. 세상의 리더들이 자신의 명예와 권력을 위해 싸울 때 아낌없이 주는 나무와 같은 리더십은 세상 사람들에게 깊은 감동과 함께 진정한 변화를 일으킨다.

우리는 하나님의 은혜로 많은 것을 누려야 한다. 커져야 하고, 강건해야 하고, 풍성해야 하고, 그래서 많은 사람과 동물들이 쉬었다가는 가고, 깃들고, 새 힘을 얻을 수 있는 나무가 되어야 한다. 또한 이러한 나무는 자신만을 고집하는 나무가 아니라 언제든지 아낌없이 자신을 내어줄 수 있는 나무가 되어야 한다. 이것이 사명 리더십의 핵심이다.

6. 되짚어보기

사명 리더십은 하나의 생명과정이다. 이는 마치 나무가 자라는 것과 흡사하다. 나무의 성장은 씨앗에서 시작된다. 성숙한 나무가 되었을 때의 형태와는 전혀 다르지만, 그 씨앗에는 성숙한 나무의 가능태가 존재한다.

이 나무는 네 방향으로 성장한다. 먼저 나무는 아래로 자라는데, 이는 하나님의 사랑의 토양에 믿음 뿌리를 내리는 것을 의미한다. 또한 나무는 위로 자란다. 이는 믿음의 성장만큼 비전과 사명의 고백, 삶의 목표라는 줄기가 자라는 것을 상징한다. 이와 동시에 나무는 안으로도 자란다. 이는 삶의 연륜 속에서 지식과 지혜, 내적 성숙, 인테그리티의 나이테를 형성하는 것을 나타낸다. 마지막으로 나무는 밖으로 성장한다. 이것은 섬김과 전도의 사명을 감당하는 가지를 뻗어나가는 것을 표현한다. 그럴 때 나무는 영향력이라는 과실을 맺는다.

그러나 진정한 사명 리더는 선한 목자와 같이 양들을 섬기고, 양들을 위해 목숨을 버린다. 아낌없이 주는 나무처럼….

1. 나의 삶 속에서 네 방향의 건강한 성장이 이뤄지고 있는지 점검해 보자.

 1) 아래로의 성장

 2) 위로의 성장

 3) 안으로의 성장

 4) 밖으로의 성장

2. 나의 성장의 정도와 영향력(리더십)의 관계를 돌아보자.

3. 다른 사람을 리더로 양육할 때 네 방향의 성장을 어떻게 적용할 수 있는지 생각해 보자.

실천하기

하나님께서 사명 리더들을 세상 한가운데로 가라 하신다. 하늘과 땅의 모든 권세를 가진 분의 명령이다. 그러므로 너희는 가라! 이 명령에서 제외되는 사명 리더는 없다. 모두가 세상으로 나가야 한다. 성령과 함께 세상으로 나가는 가장 이상적 모델은 예수님이시다. 예수님은 언제나 성령의 능력으로 사역하셨다. 그러므로 사명 리더는 성령과 함께 세상으로 나가야 하고, 성령의 공급해 주시는 힘으로 사역을 감당해야 한다. 그럴 때 하나님께 영광 돌리는 일이 일어나고, 교회와 세상에도 변화의 능력이 역사한다.

Leadership

나를 향한 하나님의 디자인 발견하기

말씀 묵상

"주께서 내 내장을 지으시며 나의 모태에서 나를 만드셨나이다 내가 주께 감사하옴은 나를 지으심이 심히 기묘하심이라 주께서 하시는 일이 기이함을 내 영혼이 잘 아나이다 내가 은밀한 데서 지음을 받고 땅의 깊은 곳에서 기이하게 지음을 받은 때에 나의 형체가 주의 앞에 숨겨지지 못하였나이다 내 형질이 이루어지기 전에 주의 눈이 보셨으며 나를 위하여 정한 날이 하루도 되기 전에 주의 책에 다 기록이 되었나이다 하나님이여 주의 생각이 내게 어찌 그리 보배로우신지요 그 수가 어찌 그리 많은지요 내가 세려고 할지라도 그 수가 모래보다 많도소이다 내가 깰 때에도 여전히 주와 함께 있나이다"(시 139:13~18).

최근에 리더십과 자기개발 서적들이 봇물 터지듯 쏟아져 나오면서 개인의 특성과 강점을 파악하고자 하는 책들도 많이 출간되고 있다. 그들이 고려하는 것은 개인의 성격(MBTI, Aniagram), 적성, 흥미(STRONG) 등에 대한 심리검사들과 능력검사들(IQ, EQ, RQ 등)이다. 그 외에도 개인의 체질, 혈액형 등 선천적 신체적 조건이 개인의 특성과 강점을 결정한다는 주장도 많은 관심을 얻고 있다.

이러한 경향과 함께 강점 중심 이론도 새로운 주목을 받기 시작했다. 그들의 주장에 따르면 사람의 재능은 두뇌가 자리를 잡는 인생 초기에 결정된다. 이렇게 결정된 재능은 바꿀 수 없으므로, 재능이 아닌 분야에서 힘을 낭비하는 것보다는 자신의 재능을 발견하고, 여기에 지식과 경험을 추가함으로써 자신의 강점을 살리는 데 주력해야 한다.

이러한 주장들을 창조신앙과 연결해 보면, 우리에게 주어진 강점과 약점들은 하나님의 뜻과 연관되어 있다. 하나님께서는 나를 향한 분명한 계획이 있으시고, 그 계획을 성취하는 데 합당한 능력을 부여하셨다. 이것은 또한 우리를 향하신 하나님의 사명과 연관되어 있다. 우리 손에 망치가 주어졌다면 우리의 사명은 못을 박는 일이고, 톱이 주어졌다면 나무 켜는 일을 해야 한다. 그렇다면 우리에게 주어진 조건들과 능력들은 우리의 사명을 미루어 짐작케 한다. 또한 성령께서 주시는 영적 은사는 지금 이 순간 감당해야 할 하나님의 사명과 깊이 연관된다. 성령께서는 우리의 삶의 현장에서 당신의 사명을 잘 감당하도록 영적 은사를 주시기 때문이다.

그러나 급격하게 쏟아져 나오는 이런 종류의 많은 책들은 자칫 독자들을 혼란에 빠뜨리기 쉽다. 저마다 다른 관점에서 접근하는 이론들을 어떻게 통합해야 할지 당황스럽기 때문이다. 이 장은 이런 많은 이론들을 '나를 향한 하나님의 디자인'이라는 관점에서 통합하고 재구성해 보려고 한다.

1. 나를 향한 하나님의 디자인에 대한 성서적 이해

그리스도인은 모든 것이 하나님으로부터 창조되었다는 고백에서 출발한다. 그렇다면 이 세상의 모든 것이 본래의 목적이 있고, 그 목적은 선하다.

세상이 시작될 때 하나님께서 모든 것을 창조하셨고, 그 결과는 당신이 보시기에도 심히 좋았다. 그렇다면 지금의 우리도 하나님의 선하신 계획하에서 지음 받았음을 확신할 수 있다. 이것을 '나를 향한 하나님의 디자인'이라고 표현해 보자.

앞에서 묵상한 시편 139편 13~18절은 하나님께서 모태에서부터 구체적으로 계획하신다고 고백한다. 그렇다면 왜 세상에 선하지 않은 것이 존재하는가? 성서는 그 이유를 크게 두 가지로 설명한다.

첫째, 우리가 하나님의 뜻을 온전히 이해할 수 없기 때문이다. 이 세상 누구도 세상의 이치를 온전히 이해한 사람은 없다. 살면서 배우고 깨달아 간다. 어떤 때는 알 것 같다가도, 또다시 미궁에 빠지는 것이 인생이다. 하물며 피조물이 창조주의 뜻을 온전히 깨닫는 것은 불가능하다. 한갓 미물인 인간은 하나님의 뜻을 미루어 짐작할 뿐이다. 성경도 하나님의 생각은 인간들의 생각과 질적으로 다르다고 선언한다. "이는 내 생각이 너희의 생각과 다르며 내 길은 너희의 길과 다름이니라 여호와의 말씀이니라 이는 하늘이 땅보다 높음 같이 내 길은 너희의 길보다 높으며 내 생각은 너희의 생각보다 높음이니라."[1]

욥은 하나님을 섬기는 사람이 고난을 당하는 이유를 알 수 없었다. 바울 또한 선민 이스라엘 사람들이 예수 그리스도를 거부하고 바울을 핍박하는 것 때문에 고민했다.[2] 능력으로 말씀을 전하고 이적을 베푸는 바울이 자신의 몸 안에 가시를 안고 살아야 하는 것 또한 이해가 되지 않는다.[3]

우리는 토기장이이신 하나님께서 어떤 사람은 귀하게 쓸 금 그릇으로, 다른 사람은 천하게 쓸 질그릇으로 지으시는 이유를 알지 못한다. 또한 타국으로 떠나는 주인이 어떤 종에게는 다섯 달란트를 주면서 다른 종에게는 한 달란트만 주는지 알 수 없다. 받지 못한 입장에서는 하나님의 처사가 한없이 불공평해 보이고, 그래서 깊은 좌절에 빠지기도 한다.

그러나 이러한 불확실 속에서도 신, 구약을 통해 분명히 밝히고 있는 사실이 있다. 그것은 하나님께서 인생을 사랑하신다는 것이다. 이것은 시종여일한 성서 속 인물들의 고백인데, 그 사랑은 예수 그리스도의 십자가에서 절정에 이른다.

"그런즉 이 일에 대하여 우리가 무슨 말 하리요 만일 하나님이 우리를 위하시면 누가 우리를 대적하리요 자기 아들을 아끼지 아니하시고 우리 모든 사람을 위하여 내주신 이가 어찌 그 아들과 함께 모든 것을 우리에게 주시지 아니하겠느냐 …… 내가 확신하노니 사망이나 생명이나 천사들이나 권세자들이나 현재 일이나 장래 일이나 능력이나 높음이나 깊음이나 다른 어떤 피조물이라도 우리를 우리 주 그리스도 예수 안에 있는 하나님의 사랑에서 끊을 수 없으리라"(롬 8:31~39).

우리가 이 사랑을 믿는다면 하나님께서 선하신 목적으로 세상을 창조하신다는 것도 믿을 수 있다. 사랑하는 대상을 아무 감정 없이 무계획적으로 창조하지는 않기 때문이다. 이러한 고백은 우리가 세상의 고난 속에서도 하나님의 사랑을 믿고, 그분의 계획을 성취하도록 힘을 준다.

둘째, 세상에 선하지 않은 것들이 존재하는 이유는 인간이 하나님의 창조 목적에 순종하지 않기 때문이다. 많은 사람들이 하나님의 뜻을 거스르고 스스로 괴로운 자리에 들어간다. 피조물들이 하나님께 불평하고 하나님의 질서를 어지럽게 한다. "이 사람아 네가 누구이기에 감히 하나님께 반문하느냐 지음을 받은 물건이 지은 자에게 어찌 나를 이같이 만들었느냐 말하겠느냐 토기장이가 진흙 한 덩이로 하나는 귀히 쓸 그릇을, 하나는 천히 쓸 그릇을 만들 권한이 없느냐."[4]

심지어 사역자들도 주목받는 자리를 탐내고 남을 시기함으로 영적 질서를 무너뜨린다. 그러므로 바울은 다음과 같이 권고한다.

"내게 주신 은혜로 말미암아 너희 각 사람에게 말하노니 마땅히 생각할 그 이상의 생각을 품지 말고 오직 하나님께서 각 사람에게 나누어 주신 믿음의 분량대로 지혜롭게 생각하라 우리가 한 몸에 많은 지체를 가졌으나 모든 지체가 같은 기능을 가진 것이 아니니 이와 같이 우리 많은 사람이 그리스도 안에서 한 몸이 되어 서로 지체가 되었느니라 우리에게 주신 은혜대로 받은 은사가 각각 다르니 혹 예언이면 믿음의 분수대로, 혹 섬기는 일이면 섬기는 일로, 혹 가르치는 자면 가르치는 일로, 혹 위로하는 자면 위로하는 일로, 구제하는 자는 성실함으로, 다스리는 자는 부지런함으로, 긍휼을 베푸는 자는 즐거움으로 할 것이니라"(롬 12:3~8).

그러므로 사명 리더는 하나님의 창조 목적을 발견하기 위해 노력해야 한다. 그리고 하나님의 목적을 발견하면, 그 뜻을 받아들이고 순종해야 한다. 때론 그 길이 험난하기도 할 것이다. 이해가 되지 않을 때도 있을 것이다. 그러나 하나님의 뜻을 평생 사명으로 믿고 수용하는 사람은 행복하다. 그는 목적이 있는 삶을 살 뿐 아니라, 하나님과 동행하는 특권을 누리기 때문이다.

아브라함은 불확실한 상황 가운데서도 하나님의 약속을 믿고 안전한 삶의 터전을 버리고 지시하신 땅을 향해 나아갔다. 그리고 하나님은 그 믿음을 의롭게 여기셨다.[5] 이사야는 성전에서 하나님을 뵙고, 사명을 고백한 후에는 수많은 핍박과 어려움 속에도 끝까지 그 사명을 감당했다.[6] 바울도 다메섹에서 예수 그리스도를 만나고 사도로 부름을 받은 후에 온갖 생명의 위협 속에서도 굽히지 않고 복음을 전했다. 그것은 그의 사명이었기 때문이다. "내가 복음을 전할지라도 자랑할 것이 없음은 내가 부득불 할 일임이라 만일 복음을 전하지 아니하면 내게 화가 있을 것이로다."[7]

이렇게 자신을 향한 하나님의 뜻을 발견하고, 그 뜻을 성취하기 위해 사는 사람들을 '사명자'(missionary)라고 부른다. 이렇게 본다면 모든 그리스도인들은 사명자고, 또 사명자가 되어야 한다.

이들에게는 하나님의 사명이 주어진다. 마태복음 25장은 이것을 달란트의 비유로 설명한다. 길 떠나는 주인은 종들에게 각각 다섯, 둘, 하나의 달란트를 주었다. 비록 그 의도는 알 수 없지만, 현명한 종은 주인의 기대치가 있다는 것을 알기에 열심히 일하여 배를 남겼다. 후에 돌아온 주인은 종과 셈을 하고, 그 결과를 보며 칭찬한다. 그러나 게으른 종은 그와 정반대의 길을 간다. 우둔한 종은 주인이 기대치가 있고, 셈을 할 것이라는 것을 모르고 무책임하게 대처했다. 결과 두 배를 남기지 못했고, 큰 징벌을 받았다.

하나님은 사람들에게 그 뜻에 따라 각각 달란트를 주신다. 교회, 가정, 직장, 학교, 지역사회, 세계라는 일터에서 각자에게 맞는 역할과 능력이 주어진다. 어떤 사람에게는 큰 사명이 주어지고, 어떤 사람에게는 작은 사명이 주어진다. 우리가 기억할 것은 이 모든 것이 하나님으로부터 온 것이고, 우리는 청지기라는 사실이다. 그러므로 우리는 맡기신 사명을 잘 감당해서 두 배 이상을 남겨야 한다. 왜냐하면 정한 시간에 우리 모두에게는 셈이 있기 때문이다. 그러므로 사명 리더는 항상 하나님의 뜻을 묻고, 최선을 다해 그 사명을 성취해야 한다.

많은 사명 리더들이 '큰 사명 콤플렉스'에 빠질 때가 있다. 리더는 모름지기 큰 사명을 감당해야 한다는 것이다. 그래서 자기보다 큰 사명을 감당하는 리더들을 부러워하고 질투하기도 한다. 그러나 크고 작은 사명은 하나님께서 결정하신다. 사명 리더가 할 일은 받은 분량의 두 배를 남기면 된다. 그러면 누구나 똑같이 칭찬을 받게 된다. 오히려 열 달란트의 사명을 받은 사람이 열두 달란트밖에 남기지 못하면 하나님께 실망이 될 것이다. 그러므로 자신의 사명이 작다고 부끄러워할 일이 아니다. 그것은 하나님의 뜻이다. 사명 리더는 주어진 역할에서 최선을 다하면 된다. 그러면 하나님의 기쁨이 되고, 큰 칭찬을 받을 것이다.

그런데 문제는 우리가 몇 달란트를 받았는지 알 수 없다는 것이다. 그것은 우리의 생이 다하고 하나님 앞에 섰을 때나 알 수 있을 것이다. 그렇다면 우리가 할 수 있는 것은 무조건 열심히 최선을 다하는 것이다. 열매는 하나님께 맡기고 열심히 일하면, 그 나머지는 하나님께서 책임져 주실 것이다. 사도 바울은 지혜롭게 그 길을 달려간 사람이다. 그래서 그는 생을 거의 다 달려간 즈음에 다음과 같이 말할 수 있었다.

"하나님 앞과 살아 있는 자와 죽은 자를 심판하실 그리스도 예수 앞에서 그가 나타나실 것과 그의 나라를 두고 엄히 명하노니 너는 말씀을 전파하라 때를 얻든지 못 얻든지 항상 힘쓰라 범사에 오래 참음과 가르침으로 경책하며 경계하며 권하라 때가 이르리니 사람이 바른 교훈을 받지 아니하며 귀가 가려워서 자기의 사욕을 따를 스승을 많이 두고 또 그 귀를 진리에서 돌이켜 허탄한 이야기를 따르리라 그러나 너는 모든 일에 신중하여 고난을 받으며 전도자의 일을 하며 네 직무를 다하라 전제와 같이 내가 벌써 부어지고 나의 떠날 시각이 가까웠도다 나는 선한 싸움을 싸우고 나의 달려갈 길을 마치고 믿음을 지켰으니 이제 후로는 나를 위하여 의의 면류관이 예비되었으므로 주 곧 의로우신 재판장이 그 날에 내게 주실 것이며 내게만 아니라 주의 나타나심을 사모하는 모든 자에게도니라"(딤후 4:1~8).

큰 사명 콤플렉스에 대해 디모데후서는 또 다른 해결의 실마리를 제공해 준다. 잠시 말씀을 묵상하자.

"큰 집에는 금 그릇과 은 그릇뿐 아니라 나무 그릇과 질그릇도 있어 귀하게 쓰는 것도 있고 천하게 쓰는 것도 있나니 그러므로 누구든지 이런 것에서 자기를 깨끗하게 하면 귀히 쓰는 그릇이 되어 거룩하고 주인의 쓰심에 합당하며 모든 선한 일에 준비함이 되리라"(딤후 2:20~21).

이 말씀에 따르면 귀하게 쓸 금 그릇이 있고, 천한 용도로 쓸 질그릇도 있다. 이 결정은 토기장이인 하나님이 하신다. 그런데 '누구든지 자기를 깨끗하게 하면 귀히 쓰는 그릇이 된다'는 말은 무슨 뜻일까? 천하게 쓸 그릇이 어떻게 귀하게 쓰일 수 있을까? 이런 경우를 생각해 보자. 귀한 손님이 와서 주인은 이때를 위해 준비한 금 그릇을 내어왔다. 그러나 그 그릇에 오물이 묻어 있지 않은가? 할 수 없이 은 그릇을 내어왔다. 역시 닦지 않아서 녹이 슬어 있다. 그제야 주인은 질그릇을 돌아보았다. 그런데 그 그릇은 너무도 깨끗하게 준비되어 있었다. 주인은 이 그릇을 사용하기로 한다. "그러므로 누구든지 이런 것에서 자기를 깨끗하게 하면 귀히 쓰는 그릇이 되어 거룩하고 주인의 쓰심에 합당하며 모든 선한 일에 준비함이 되리라."

사명 리더는 지금 각자의 위치에서 최선을 다해 사명을 감당해야 한다. 그러나 이것에 만족하지 않고 더욱 깨끗하고 능력 있게 나를 준비하면, 하나님은 계획보다 더 큰 일에 그 사람을 사용하실 수도 있다.

누가복음 19장은 사명을 감당하는 분량에 따라 더 큰 리더십을 부여하시는 하나님에 대해 또 다른 이야기를 들려준다.[8] 본문에서 주인은 모두에게 한 므나씩을 공평하게 준다. 서로 다른 달란트를 주었던 마태복음의 비유와는 다른 조건이다. 돌아온 주인은 셈을 하면서 한 므나로 열 므나를 남긴 사람에게는 열 고을을 다스릴 리더십을 주고, 똑같은 한 므나로 다섯 달란트를 남긴 사람에게는 다섯 고을을 다스릴 리더십을 준다. 그러나 수건으로 싸두었던 종은 죽임을 당하게 되고, 그 한 므나는 열 므나를 남긴 종의 몫이 된다. "무릇 있는 자는 받겠고 없는 자는 그 있는 것도 빼앗기리라"(눅 19:26). 이 본문은 하나님으로부터 같은 조건을 부여받았을지라도 열심히 일하는 정도에 따라 서로 다른 결과를 가져올 수 있다는 것과, 그 결과로 주어지는 영향력의 차이에 대해 이야기하고 있다. 또한 부지런한 자는 게으른 자의 몫까지 갖게 된다.

지금까지 우리는 피조물로서 각자에게 맡겨진 사명을 감당하는 일에 대해 살펴보았다. 그러나 사명을 감당하는 일에 몰두하다 보면, 그것이 우리의 공로처럼 여겨지는 우를 범할 때가 있다. 사명 리더는 사명을 감당하는 것이 자신의 공로를 세우는 것이 아니라는 사실을 분명히 해야 한다. 왜냐하면 하나님께서 리더를 먼저 구원하셨고, 은혜의 자리로 불러주셨기 때문이다. 베드로전서 2장의 유명한 구절은 우리에게 그 순서를 분명히 알려준다.

"그러나 너희는 택하신 족속이요 왕 같은 제사장들이요 거룩한 나라요 그의 소유가 된 백성이니 이는 너희를 어두운 데서 불러 내어 그의 기이한 빛에 들어가게 하신 이의 아름다운 덕을 선포하게 하려 하심이라 너희가 전에는 백성이 아니더니 이제는 하나님의 백성이요 전에는 긍휼을 얻지 못하였더니 이제는 긍휼을 얻은 자니라"(벧전 2:9~10).

이 말씀에 의하면 하나님께서 먼저 구원의 역사를 이루셔서 사명 리더를 하나님의 백성이요 긍휼을 얻은 자로 바꿔놓으셨다. 즉 그분이 먼저 리더를 고귀하고 영화롭게 만드셨다. 그래서 리더는 택하신 족속, 왕 같은 제사장, 거룩한 나라, 그의 소유된 백성이 되었다. 이는 존재에로의 부르심이다. 이것은 리더의 공로가 아니라 하나님의 은혜로 된 부분이다. 이 과정에서 리더가 할 수 있는 역할은 없다. 하나님은 당신의 구원사역에 함께할 동역자, 친구, 동반자를 원하셔서 사명 리더를 고귀하게 만드셨다. 이것은 사명 리더가 세상을 향해 선한 영향력을 끼칠 수 있는 기반이 된다.

이러한 은혜의 자리는 사명 리더로 하여금 그 자리에 합당한 역할을 요구한다. 이것은 두 번째 차원의 부르심이다. 하나님은 당신의 구원의 아름다운 덕을 리더의 삶으로 증거하기를 원하신다. 이것을 위해 하나님은 리더가 감당할 분량의 환경과 일터를 허락하신다. 그것은 가정, 직장, 지역사회, 세계다. 그러므로 리더는 하나님이 요구하시는 사명에 민감해서 그 사명을 일터에서 실천해야 한다.

또 하나의 본문은 사명 리더가 하나님의 힘만을 의지해야 한다는 점을 분명히 보여준다.[9] 고린도후서에 따르면 사도 바울은 셋째 하늘에 이끌려 가서 하나님의 음성을 들을 정도로 엄청난 하나님의 은혜를 입었다. 또한 그의 사역은 능력과 기사로 말미암아 많은 열매를 맺고 있었다. 그러나 이상하게도 그의 몸에는 가시가 있었고, 그로 말미암아 사역에 많은 지장을 받고 있었다. 때문에 사도 바울은 이를 없애달라고 세 번을 간절히 기도했다. 그러나 기도의 응답은 전혀 의외의 것이었다. "내 은혜가 네게 족하도다. 이는 내 능력이 약한 데서 온전하여짐이라."[10] 그 이후로 그는 약한 것을 두려워하지 않았다. 약한 것 때문에 하나님의 능력이 그에게 머물기 때문이다. 이는 사명 리더십에 있어서 대단히 중요한 점이다. 사명 리더는 자신의 힘을 의지하는 것보다는 하나님의 힘을 의지하여 사명을 감당한다.

"만일 누가 말하려면 하나님의 말씀을 하는 것 같이 하고 누가 봉사하려면 하나님이 공급하시는 힘으로 하는 것 같이 하라 이는 범사에 예수 그리스도로 말미암아 하나님이 영광을 받으시게 하려 함이니 그에게 영광과 권능이 세세에 무궁하도록 있느니라 아멘"(벧전 4:11).

결론적으로 우리 모두는 하나님의 피조물이다. 그리고 모든 피조물에게는 저마다의 사명이 있다. 하나님께서는 각각의 사람들이 그 사명을 감당할 만하도록 독특하게 디자인하셨다. 그 사명의 크고 작음에 대해 우리는 그 이유를 알 수 없다. 단지 하나님이 허락하신 디자인을 최대로 살려서 주어진 사명을 성취하기 위해 최선을 다할 뿐이다. 그리고 하나님은 그 성실함과 결과를 보고 판단하실 것이다. 그러나 이것이 우리의 공로가 될 수 없음은 주님이 먼저 구원의 역사를 이루셨기 때문이다. 또한 그분은 지금도 우리가 사명을 감당해갈 때 함께하시며 힘을 공급하신다. 그러므로 사명 리더는 자신의 힘으로 사역을 이뤄가려고 해서는 안 된다. 리더의 사역 속에 하나님이 영광 받으시도록 해야 한다. 다만 리더는, "우리는 무익한 종이라 우리가 하여야 할 일을 한 것뿐이라"라는 말을 할 뿐이다.[11] 리더에게 면류관을 주시는 것은 그분의 몫이다.

2. 하나님의 디자인을 구성하는 요소들

하나님의 디자인은 사명 리더를 위한 하나님의 계획과 설계를 말한다. 그 중에 성격, 체질, 혈액형, 강점 등은 리더가 태어나면서 하나님으로부터 받은 신체적 달란트에 해당한다. 또한 리더는 문화적 환경을 부여받는데, 부모님의 경제적 여건, 태어난 지역적 환경, 자라면서 만나는 인적 환경 등이 그것이다. 사명 리더는 이러한 환경에 능동적으로 혹은 수동적으로 반응하면서 제2의 환경을 개척해 나가게 된다. 이 과정에서 하나님과의 관계는 너무도 중요하다. 하나님은 리더의 반응에 따라 환경을 열어주시기도 하고, 닫기도 하시기 때문이다. 또한 성령 하나님은 은사를 통해 사명 리더에게 힘을 부여해 주시는데, 이것의 활용 여부도 리더의 응답에 따라 달라진다. 이제 이러한 여러 요소 중에 중요한 몇 가지를 살펴보자.

1) MBTI

최근에 가장 많이 활용되고 있는 성격유형 검사로는 MBTI,[12] 에니어그램 등이 있고,[13] 그 외에도 자신의 기질을 판별할 수 있는 도구들 많이 있다.[14] 여기서는 MBTI를 중심으로 살펴보기로 한다. 칼 융의 입장에서 보면 성격은 유전은 아니지만 태어날 때부터 규정된다. 이것을 신앙의 눈으로 본다면 성격은 리더에게 부여하시는 하나님의 디자인 중에 가장 중요한 요소에 속한다. 성격은 리더십의 색깔과 사역의 선호방향, 그리고 사역방법 등에 중요한 영향을 미치기 때문이다.

(1) MBTI란?

MBTI는 Myers-Briggs Type Indicator의 머리글자의 조합이다. 캐더린 쿡 브리스(Katharine Cook Briggs)와 그의 딸 이사벨 브릭스 마이어스(Isabel Briggs Myers)가 칼 융의 심리유형론에 근거하여 성격유형 검사도구를 개발했다. MBTI에 대해 이사벨 브릭스 마이어스는 다음과 같이 설명한다.

"MBTI는 융의 심리유형 이론을 보다 쉽게 이해하여 일상생활에 유용하게 활용할 수 있도록 개발된 것이다. 융의 심리유형 이론은 인간 행동이 그 다양성으로 인해 종잡을 수 없는 것같이 보여도, 사실은 아주 질서정연하고 일관된 경향이 있다는 데서 출발하였다. 그리고 인간 행동의 다양성은 개인이 인식(Perception)하고 판단(Judgement)하는 특징이 다르기 때문이라고 하였다. 인식은 사물, 사람, 사건 또는 아이디어를 깨닫게 되는 모든 방법을 가리킨다. 판단은 인식한 내용을 바탕으로 하여 결론을 내리는 모든 방식들을 가리킨다. 사람들이 인식하는 방법이 근본적으로 다르고 또 결론을 내리는 방법도 다르다면, 반응, 가치, 동기, 기술, 관심 등이 다른 것도 또한 지극히 당연한 일일 것이다."[15]

세계의 많은 기업들, 대학들, 연구소들, 심리상담기관들, 종교단체들이 MBTI를 사용하고 있으며, 전세계적으로 40개국에서 20가지 이상의 언어로 번역되어 사용되고 있다. MBTI는 자신의 심리를 이해함으로써 학습지도, 진로지도, 커리어 플래닝에 사용할 수도 있고, 타인을 이해함으로 커뮤니케이션 개발, 네트워킹, 팀 빌딩 등에 활용할 수도 있다.

교회 안에서도 다양하게 활용될 수 있는데, 다음은 그 예가 될 수 있다.

① 팀 빌딩
② 성격유형에 따른 목회의 다양한 사역 개발
③ 은사 개발
④ 장년을 교육 프로그램
⑤ 성인들의 진로 지도, 직장선교 컨설팅
⑥ 십대들을 위한 프로그램 : 정체성 형성, 진로 지도, 학습 지도, 부모 지도
⑦ 교회학교 교육: 집단상담 및 성장 프로그램 개발
⑧ 영성훈련 프로그램 개발 : 성격유형별
⑨ 성경공부 프로그램 개발 : 성격유형별
⑩ 제자훈련 프로그램 개발 : 성격유형별
⑪ 목회 리더십 개발
⑫ 조직유형 검사를 활용한 교회의 크고 작은 조직들의 상호작용 및 새로운 조직 개발을 위한 컨설팅

MBTI의 한국화 작업은 미국 CPP 본부의 인준 아래 김정택 교수와 심혜숙 교수에 의해 1987년부터 시작되었다. 1990년 6월에는 한국 MBTI연구소

가 설립되어 MBTI 전문자격교육과정을 개설하였으며, 1992년 2월에는 한국 심리유형학회가 발족되어 MBTI의 연구와 발전을 위해 노력해 오고 있다.

(2) 네 가지 선호 경향과 열여섯 가지 성격유형

MBTI는 네 가지의 분리된 선호경향으로 구성된다. 선호경향이란 융의 심리유형론에 따르면, 교육이나 환경의 영향을 받기 이전에 이미 인간에게 잠재되어 있는 선천적 심리 경향을 말하며, 각 개인은 자신의 기질과 성향에 따라 아래의 네 가지 이분척도에 따라 둘 중 하나의 범주에 속하게 된다. 이를 도표로 정리하면 아래와 같다.[16)]

MBTI 네 가지 선호경향

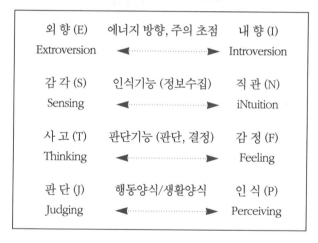

외 향 (E)	에너지 방향, 주의 초점	내 향 (I)
Extroversion	◀·········▶	Introversion
감 각 (S)	인식기능 (정보수집)	직 관 (N)
Sensing	◀·········▶	iNtuition
사 고 (T)	판단기능 (판단, 결정)	감 정 (F)
Thinking	◀·········▶	Feeling
판 단 (J)	행동양식/생활양식	인 식 (P)
Judging	◀·········▶	Perceiving

첫째는 외향형(E)과 내향형(I)의 척도인데, 이것은 사람들의 에너지의 방향과 주의 초점이 어디를 향하고 있는가에 따라 나눠진다. 외향형은 그 방향이 자신의 밖의 세계를 향하는 사람들을 말하며, 내향형은 그 방향이 자신의 내면의 삶을 향할 때 편안함과 익숙함을 느끼는 사람들을 말한다. 그렇기 때문에 외향형은 외부활동에 적극성을 띠는 반면에, 내향형은 혼자서 집

중력 있게 활동할 때 그 진가를 발휘한다. 외향형은 폭넓은 대인관계로 여러 가지 일들을 추진해 나가는 반면에, 내향형은 깊이 있는 인간관계를 선호한다. 외향형은 정열적이고 활동적인 반면에, 내향형은 조용하고 신중하다. 외향형은 왕성한 대외활동을 할 때 에너지가 충전되는 반면에, 내향형은 독서, 사색, 창작 등 내면의 것들을 충족시켜 나갈 때 에너지가 충전된다. 이둘 사이에 좋고 나쁜 것은 없다. 외향형은 상인, 대인관계 전문가, 배우, 영업직, 경영자, 사회 운동가, 대중 연설가 등과 같은 일에서 빛을 발하며, 내향형은 예술가, 컴퓨터 프로그래머, 도서관 사서, 건축가, 대학교수, 회계사, 엔지니어, 작가, 연구직 등에서 그 진가를 발휘한다. 외향형과 내향형의 특징들을 도표로 정리하면 아래와 같다.[17]

외향성(Extroversion)	내향성(Introversion)
주의 집중 – 자기 외부 외부활동과 적극성 폭넓은 대인관계 (다수) 말로 표현 소모에 의한 에너지 충전 여러 사람과 동시에 대화 정열적, 활동적 경험한 다음에 이해 쉽게 알려짐	주의 집중 – 자기 내부 내부활동과 집중력 깊이 있는 인간관계 (소수) 글로 표현 비축에 의한 에너지 충전 일대일의 대화 조용하고 신중 이해한 다음 경험 서서히 알려짐

둘째로, 사람들은 외부의 정보를 받아들이는 과정에서 오감(five senses)을 사용하거나 혹은 육감(intuition)을 사용함으로써, 감각형(S)과 직관형(N)으로 구별된다. 감각형 사람이 정보를 받아들일 때 오감을 사용한다는 것은 사물의 정보를 세밀하고, 구체적으로, 있는 그대로 받아들인다는 것을 의미한다. 예를 들어 감각형 사람이 사과를 본다면, 색깔, 맛, 표면의 거칠기의 정도, 명암 등 마치 카메라가 정교한 사진을 찍듯이 사과를 인식할 것이다. 반면에 직관형 사람은 직관 기능을 통해 사과를 인식하기 때문에 사과가 주

는 전체적인 느낌, 의미, 영감과 같은 부분에 먼저 접근한다. 그렇기 때문에 직관형이 느끼는 세계는 마치 추상화와도 같다.

그러므로 감각형의 주의 초점은 현재의 실제적 경험에 집중되어 있는 반면에, 직관형은 미래, 가능성, 아이디어 등에 관심한다. 감각형이 사실적이고 구체적이어서 현실 파악을 잘 한다면, 직관형은 상상적이고 영감적이어서 미래의 가능성과 의미를 더 잘 이해한다. 감각형이 세밀하게 나무를 보는 반면에, 직관형은 숲 전체를 본다. 그러므로 감각형이 현실을 수용하고, 성실하게 관례적인 삶을 산다면, 직관형은 미래 지향적인 관심이 많고, 변화를 추구하며 새로운 시도를 즐긴다. 직관형이 꿈나무를 심는다면, 감각형은 꿈나무가 잘 자라도록 거름을 주고, 돌보며 가꾼다. 감각형이 경영자, 은행가, 경찰, 행정관료, 농장관리, 무역상, 초등학교 교사, 간호사, 회계사, 경리 직원, 군인과 같은 일에서 그 능력을 발휘한다면, 직관형은 심리학자, 카운슬러, 성직자, 작가, 디자이너, 화가, 연주가, 작곡자, 언론인, 사회학자, 철학자, 사회운동가, 인문대학 교수 등과 같은 직업에서 진가를 발휘한다. 각각의 특징들을 도표로 만들어본다면 아래와 같다.[18]

감각형(Sensing)	직관형(Intuition)
오감	육감
주의 초점 - 지금, 현재	주의 초점 - 미래, 가능성
실제의 경험	아이디어
사실적이고 구체적	상상적이고 영감적
실태 파악	가능성과 의미 추구
현실 수용	미래 지향
정확 철저(일 처리)	신속 비약(일 처리)
일관성과 일상성	변화와 다양성
사실적 사건 묘사	비유적, 암시적 묘사
관례에 따르는 경향	새로운 시도 경향
가꾸고 따르는 경향	씨 뿌림
나무를 보려는 경향	숲을 보려는 경향

셋째로, 사람들은 받아들인 정보를 판단하고 정리하며, 결정하는 과정에서 사고형(T)과 감정형(F)으로 구분된다. 사고형 사람들이 정보를 판단하고 결정을 내리는 주요 근거는 그 정보가 사실인가, 진실인가, 객관적인가, 원리와 원칙이 있는가 하는 점이다. 반면에 감정형 사람들은 판단을 내릴 때 다른 사람과의 관계, 그 사람에게 미치는 의미와 영향, 그 사람의 선호도 등을 중요하게 여긴다. 사고형이 머리 속에서 모든 결정을 내리는 반면에 감정형은 사람들과의 관계 속에서 결정을 한다. 그래서 사고형이 상대적으로 지적이고 차가워 보인다면, 감정형은 사교적이고 따스한 느낌을 준다. 직관형이 선호하는 직업이 고위 경영자, 컨설턴트, 관리직, 학교 교장, 과학자, 엔지니어, 변호사, 판사, 회계사, 컴퓨터 전문가 등이라면, 감정형은 성직자, 카운슬러, 인문학 계열 교사, 육아 및 건강관리자, 가정의, 심리학자, 사회운동가, 소매 영업직, 고객관리, 서비스업 등에서 활동하기를 좋아한다. 사고형과 감정형의 특징은 다음과 같이 정리될 수 있다.[19]

사고형(Thinking)	감정형(Feeling)
관심의 주제 – 사실, 진실	관심의 주제 – 사람, 관계
객관적 진실	보편적인 선
원리와 원칙	의미와 영향
논리적	상황적
분석적	포괄적
간단명료한 설명	정상을 참작한 설명
지적 논평을 선호	우호적 협조
객관적 판단	주관적 판단
원인과 결과가 중요	좋다, 나쁘다가 중요
규범과 기준을 중시	나에게 주는 의미

넷째로 사람들은 계획형 인간과 자유형 인간에 따라 판단형(J)과 인식형(P)으로 구별된다. 판단형은 매 순간 순간을 구체적으로 판단하고, 계획을 세우며, 그 계획을 성취해갈 때 만족과 기쁨을 느낀다. 반대로 인식형은 호

기심이 많아서 매 순간 정보를 인식해 가기를(perceiving) 즐겨하기 때문에, 계획을 세우고 지켜나가는 것보다는 계획 없는 자유와 순발력을 요하는 상황을 즐긴다. 판단형이 계획한 것을 추진하는 데 있어서 융통성이 부족하다면, 인식형은 상황에 맞추는 개방성과 수용성에서 강하다. 판단형이 분명한 목적의식과 방향감각을 통해 일을 성취하는 추진력에 강하다면, 인식형은 급변하는 상황에 따라 목적과 방향을 변화시킬 수 있는 융통성과 적응력에 강하다. 판단형에 적합한 직업이 경영자, 학교 교장, 경찰, 은행원, 엔지니어, 의사, 회계사, 판사, 변호사, 고등 교사 등이라면, 인식형은 언론인, 작가, 예술가, 연예인, 앤터테이너, 중개업자, 프리랜서, 유치원 교사 등에서 능력을 발휘한다. 그 특징을 정리하면 아래와 같다.[20]

판단형(Judgement)	인식형(Perception)
체계적	자율적
정리정돈과 계획	상황에 맞추는 개방성
의지적 추진	이해로 수용
신속한 결론	유유자적한 과정
통제와 조정	융통과 적응
분명한 목적의식	목적과 방향의 변화
분명한 방향감각	환경에 따른 변화
뚜렷한 기준과 자기의사	결론보다는 과정을 즐김

위에서 살펴본 네 가지 척도에 따라 각 개인이 선호하는 네 가지 선호 지표들을 합하면 자신의 성격유형을 알 수 있다. 이러한 방법대로 하면 MBTI 성격유형 검사는 총 열여섯 가지의 성격유형으로 나뉘는데, 그 열여섯 가지 유형은 다음과 같다.

다양한 색깔의 사람들

ISTJ 세상의 소금형	ISFJ 임금 뒤편의 권력형	INFJ 예언자형	INTJ 과학자형
ISTP 백과사전형	ISFP 성인군자형	INFP 잔다르크형	INTP 아이디어 뱅크형
ESTP 수완좋은 활동가형	ESFP 사교적인 유형	ENFP 스파크형	ENTP 발명가형
ESTJ 사업가형	ESFJ 친선도모형	ENFJ 언변능숙형	ENTJ 지도자형

열여섯 가지 유형을 좀 더 구체적으로 설명하기 위해서 아래의 도표를 살펴보자. 도표에 따르면 E는 '폭넓은 활동력'으로, I는 '깊이와 집중력'으로, S는 '실용적 현실감각'으로, N은 '가능성 포착'으로, T는 '논리와 분석력'으로, F는 '온화함과 인정'으로, J는 '조직력'으로, P는 '적응력과 융통성'으로 설명되었다.

　　또한 (주), (부) 표시를 통해 각 유형에서 가장 강하게 나타나는 색깔과, 그 다음으로 두드러지게 드러나는 특징을 표시했다. 이렇게 볼 때 각 성격유형은 보다 역동적인 관계 속에서 그 특징을 드러내게 된다.

ISTJ	ISFJ	INFJ	INTJ
I 깊이와 집중력 S 실용적 현실감각(주) T 논리와 분석력(부) J 조직력	I 깊이와 집중력 S 실용적 현실감각(주) F 온화함과 인정(부) J 조직력	I 깊이와 집중력 N 가능성 포착(주) F 온화함과 인정(부) J 조직력	I 깊이와 집중력 N 가능성 포착(주) T 논리와 분석력(부) J 조직력
ISTP	**ISFP**	**INFP**	**INTP**
I 깊이와 집중력 S 실용적 현실감각(부) T 논리와 분석력(주) P 적응력과 융통성	I 깊이와 집중력 S 실용적 현실감각(부) F 온화함과 인정(주) P 적응력과 융통성	I 깊이와 집중력 N 가능성 포착(부) F 온화함과 인정(주) P 적응력과 융통성	I 깊이와 집중력 N 가능성 포착(부) T 논리와 분석력(주) P 적응력과 융통성
ESTP	**ESFP**	**ENFP**	**ENTP**
E 폭넓은 활동력 S 실용적 현실감각(주) T 논리와 분석력(부) P 적응력과 융통성	E 폭넓은 활동력 S 실용적 현실감각(주) F 온화함과 인정(부) P 적응력과 융통성	E 폭넓은 활동력 N 가능성 포착(주) F 온화함과 인정(부) P 적응력과 융통성	E 폭넓은 활동력 N 가능성 포착(주) T 논리와 분석력(부) P 적응력과 융통성
ESTJ	**ESFJ**	**ENFJ**	**ENTJ**
E 폭넓은 활동력 S 실용적 현실감각(부) T 논리와 분석력(주) J 조직력	E 폭넓은 활동력 S 실용적 현실감각(부) F 온화함과 인정(주) J 조직력	E 폭넓은 활동력 N 가능성 포착(부) F 온화함과 인정(주) J 조직력	E 폭넓은 활동력 N 가능성 포착(부) T 논리와 분석력(주) J 조직력

(3) 성격유형의 의미

중요한 것은 각 기능들이 한 사람의 성격유형을 형성할 때 만들어내는 역동적인 관계다. 이는 각 유형의 독특한 색깔을 드러내 준다. 이 과정에서 또 하나 중요하게 다뤄져야 할 것은 선호지표의 환산점수다. 각 유형의 점수가 높으면 뚜렷한 선호도를 나타내고, 낮으면 선호도가 명확하지 않다는 것을 의미한다. 예를 들면 E의 점수가 높다는 것은 E 방향을 쓰는 경향이 더 뚜렷하다는 것이고, 그 방향의 선호를 뚜렷이 나타내고, 더 빈번하게 자주 쓴다는 것을 의미한다.[21] 환산점수는 각 개인을 더욱 독특하게 만들어 준다.

또한 유형발달 이론은 각 개인의 유일한 특성을 더욱더 잘 볼 수 있도록 도와준다.[22] 사람은 태어날 때부터 특정 기능을 선호하는 경향을 가지고 태어나며, 자신이 선호하는 기능에 특별한 관심을 보인다. 자신의 주기능을 더 자주 사용할수록, 점차 이 기능의 사용이 능숙해지고, 숙련되고, 분화되어 간다. 이를 통해 자신의 선호기능은 강화를 받게 됨으로써, 더욱 잘 통제할 수 있게 되고, 신뢰할 수 있게 된다. 이 결과 사람들은 자신의 선호기능을 사용할 때 유능함과 편안함을 느끼게 된다. 이러한 경향이 일반화되면 그 사람의 특성이 되고, 이 기능과 관련된 행동이나 기술이 발달된다. 반대로 이와 반대되는 기능은 상대적으로 소홀히 하기 쉬운데, 그 결과 반대쪽의 기능은 미분화되고 열등기능으로 자리 잡는다.

이러한 유형이 발달되어 가는 과정에서 환경의 영향 또한 중요한 변수가 된다. 환경은 개인의 선호경향을 강화 또는 지지해 줌으로써 그 기능을 발달시키는 데 도움을 줄 수도 있고, 반대로 타고난 유형과 정반대의 활동을 강요함으로써 개인의 선호경향의 발달을 저지 또는 왜곡할 수도 있다. 이렇게 환경적 요인에 의해 타고난 기능보다 그 반대의 기능을 사용하게 될 때 유형의 변조(變造, falsification)가 일어난다. 물론 사람은 선천적 유형의 삶이 아니라도 적응은 할 수 있다. 그러나 만족감과 유능함은 덜 느끼게 된다.

이러한 유형발달은 일생의 과정이다. 그리고 유형발달의 목표는 선호하는 과정을 더 정교하게 계발하고, 덜 선호하는 과정을 원만하게 발전시키는 데 있다. 유형발달이 제시하는 바에 따르면 청년기는 전문화, 중년기는 일반화의 시기라고 불린다. 젊었을 때의 과업은 첫째 기능(주기능)과 둘째 기능(부기능)을 발달시키는 것이고, 중년에서의 과업은 앞의 두 기능보다 덜 선호하는 셋째 기능과 넷째 기능(또는 열등 기능)을 발달시키는 것이다. 따라서 네 기능을 최상으로 사용한다는 것은 선호하는 두 기능과 덜 선호하는 두 기능 간의 적절한 조화를 이룬다는 것을 의미한다.

(4) 성격유형과 리더십

MBTI의 관점에서 보면 각 사람마다 독특한 성격유형이 있고 삶의 스타일이 있다. 이것은 사명 리더의 독특한 색깔을 나타내는 데 중요한 역할을 한다. 그러므로 사명 리더는 MBTI를 통해 자신의 리더십 특징을 이해하고, 장점은 살리고 단점은 보완함으로써 다른 사람들과 효과적으로 상호작용하고 영향력을 줄 수 있는 균형 잡힌 성격을 개발해 가야 한다. 또한 리더는 따르는 자를 MBTI적 관점에서 이해함으로써 보다 효과적인 커뮤니케이션과 팀 빌딩을 이룰 수 있다. 각 유형에 따른 리더의 특징은 다음과 같이 설명될 수 있다.

① 외향형 리더 : 외향형 리더는 외부의 사건에 관심이 많고, 많은 사람들과 어울릴 때 활력이 넘친다. 그러므로 심방, 대외적인 행사, 외향적 목표 달성, 목회경영 등 사람들과 관계된 일에 강하다. 반면에 그는 장시간의 독서, 공부, 사색을 하면 쉽게 지치고 피곤해 한다. 그러므로 기도, 묵상, 저술, 영성 훈련이 어렵다. 내향형 리더와 비교해 볼 때 영적인 깊이가 덜하고, 설교나 교육을 할 때도 이미 나와 있는 책, 잡지, 정기 간행물을 쉽게 의지한

다. 그는 외향적 사역에 너무 열심히 몰입된 나머지 자신의 소명을 잊어버리는 수도 있다.

② **내향형 리더** : 내향형 리더는 자신의 내부에서 일어나는 일에 관심하고 많은 에너지를 사용한다. 그러므로 많은 사람을 만나면 쉽게 피곤해지고, 피곤해질 때 혼자 자신만의 시간을 갖는 것이 필요하다. 그는 독서, 공부, 사색을 하면 에너지가 충전되기 때문에, 신학공부, 많은 독서, 설교 준비, 기획 및 계획 수립, 평가, 기도, 사색, 경건생활, 일대일 개인상담, 일대일 양육, 영적 지도에 강하다. 그러므로 위대한 종교 지도자들 중에는 내향형이 많다. 그러나 이렇게 영성이 내면화되고 나면, 그 영성은 외적인 삶으로 드러난다. 이런 사람은 한번 소명을 받고 나면 평생 떠나지 못하게 되는 경우가 많다. 반면에 내향형 리더는 교인들과 관계하며 시간을 보내는 일에 익숙하지 않다. 특히 갈등상황을 다루는 것을 힘들어하며, 싫은 소리를 들으면 무엇을 어떻게 해야 할지 혼자 조용히 생각하고 싶어 한다.

③ **감각형 리더** : 감각형 리더는 현실적인 삶 속에서 어떤 필요를 느낄 때 소명을 받는다. 그는 어디에서나, 실생활에 계시는 하나님을 만나고, 현실적이고 실질적으로 하나님을 섬기기 원한다. 그에게 있어서 사역은 지금 여기에서 일어나는 일이며 행동이다. 따르는 자들은 항상 무엇인가를 필요로 하고 있고, 리더는 이런 필요를 채우는 일에 즉각적이고 실질적인 도움을 줄 수 있다. 그리고 이렇게 실제적인 도움을 줄 때, 리더는 자신의 존재 의미와 소속감을 느낀다. 이러한 리더는 공동체가 변화와 혼란을 겪을 때, 안정감을 가져온다. 그는 개혁에는 약하고, 현실적 실천에는 강하다.

④ **직관형 리더** : 직관형 리더는 삶의 의미를 추구하는 과정에서 소명을

받게 된다. 직관을 쉽게 사용하기 때문에 하나님의 초월성을 쉽게 느끼고 매료된다. 또한 궁극적이고 전체적인 면을 보기 때문에, 영적인 영역에 익숙하다. 이러한 리더가 주로 관심하는 것은 미래며, 미래에 대해 큰 청사진을 그릴 수 있다. 그는 미래를 기획하고 현재를 개혁하는 것을 좋아한다. 그는 일대일 사역을 할 때도 성도의 영적 성장과 성숙에 중점을 둔다. 괴로워하는 사람을 위로하고, 편안한 사람을 각성시킨다. 이러한 리더는 따르는 자들이 성장과 변화를 원할 때 가장 일을 잘할 수 있다. 그러나 직관형 리더는 미래를 보고 개혁을 주장하는 데는 강하지만, 그것을 구체적으로 실현시켜 가는 데는 약하다.

⑤ 사고형 리더 : 사고형 리더는 논리적이고 분석적인 것을 중요하게 여긴다. 그래서 그는 원인과 결과를 논리적으로 분석하고, 객관적이고 이성적인 해결방안을 내놓는다. 그는 주장하는 바가 확고하고, 논리를 통해 사람들을 설득하려 한다. 그는 신앙을 객관화시켜서 이해하고 설명할 수 있기를 원한다. 또한 혼돈된 생각에 도전을 주고, 감상주의나 단순한 사고방식에 자극을 줌으로써 교회가 성장하고 깨어 있도록 자극을 준다. 반면에 그는 교회 안에 감정형의 사람들이 매사를 주관적으로, 감정적으로 받아들이는 것 때문에 힘들어한다. 그래서 이러한 리더는 교단 총회, 기독교 교육, 기독교 전문 상담가, 군목 등과 같은 전문분야에 종사하게 되는 경우가 많다.

⑥ 감정형 리더 : 감정형 리더는 사람들을 신뢰하고 사람들의 화합과 온정을 중요하게 여긴다. 그래서 무슨 일이든 개인이나 교회를 위해 가장 좋은 방향으로 문제를 해결하려고 한다. 그는 문제를 해결할 때 자신과 다른 사람들의 가치와 동기를 중요하게 생각한다. 그러므로 강요보다는 설득을 통해서 사람들의 마음을 돌리려고 한다. 또한 그는 평가와 비판보다는 동정,

이해, 감사에 익숙하다. 영적 리더로서 감정형 리더는 신앙을 경험하고, 그 속에서 자신에게 주는 의미를 이끌어내기를 원한다. 그래서 감정형 리더는 사고형 사람들이 논리를 가지고 논쟁하는 것을 힘들어한다. 그럼에도 불구하고 감정형 리더는 논리적으로 사고하기 위해 사고형 사역자의 도움을 받아야 한다.

⑦ **판단형 리더** : 판단형 리더는 매사에 상황을 통제하고 조절할 수 있기를 바란다. 그는 모든 일이 결정적이고, 계획적이며, 질서 있게 진행되기를 바라기 때문에 일을 계획하고 조직하는 데 많은 에너지를 쓴다. 또한 빠른 결정을 좋아해서, 정보가 완전히 수집되지 않아도 결론을 내리는 경우가 있다. 그의 주된 사역은 판단하고 분별하며 결정을 내리는 일이다. 그렇기에 그는 도덕적인 문제나 신앙의 문제에 대해 분명한 기준을 제시해 준다. 그는 엄격한 부모처럼 교인들이 체계적인 신앙을 유지하도록 돕는다. 그 결과 교회에 안정과 신뢰를 준다. 그러나 이러한 판단형 리더는 지나치게 비판적일 수 있어서 다른 성향의 사람들에게 상처를 준다. 지시하고 가르치는 것을 좋아해서 남을 쉽게 판단하고 명령한다. 또한 그는 믿음에 대해서도 한 길만을 고집하기 때문에 믿음과 영성의 길에 대한 시각을 넓힐 필요가 있다.

⑧ **인식형 리더** : 인식형 리더는 계획보다는 자발적이고 자연스러운 것을 선호한다. 그는 삶을 인식하고, 이해하며, 상황에 적응해 살아가기 때문에, 예상치 못했던 일이 발생할 때 능숙하게 일을 처리할 수 있다. 또한 그는 매사에 호기심을 갖고 결정을 유보한 채 지켜보기를 원한다. 정보를 수집하는 일에 많은 시간을 보내고, 다양한 생각 때문에 결정을 내리지 못해 어려워하며, 꼭 결정을 내려야 하는 상황에서 결정을 미루기도 한다. 그는 장난꾸러기 아이와 같이 다양한 생각을 하기 때문에, 이러한 그의 유연성은 교회

에 가능성과 신선함을 준다. 또한 그는 경건으로 향하는 많은 길을 알고 있기 때문에 복음의 신비나 소박한 신앙인의 삶을 더 풍성하게 누린다. 반면에 인식형 리더는 너무 포용적이고 유동적이어서 교인들의 시간을 낭비하게 할 수 있다. 또한 자기 통제가 약하고, 마무리를 잘 못하며, 교회를 잘 치리하지 못하는 것처럼 보이기도 한다. 때로는 실제로 결력력이 약해서 사역을 그만두게 되는 경우도 있다. 그가 내향성인 경우에는 뒤로 물러서는 것을 좋아하기 때문에 결단력이 약하다는 평을 더 많이 듣는다.

MBTI는 리더가 모든 능력을 소유하고 있는 것은 아니라는 사실을 알게 한다. 각각의 유형은 강점이 있는 반면에 약점도 있다. 그러므로 팀의 구성원들은 서로의 장단점을 충분히 인식하고, 서로 보완해 줌으로써 시너지 효과를 창출해야 한다. 또한 각 구성원은 자신의 약점을 여러 가지 방법으로 보완하기 위해 노력함으로써 보다 원만하고 효과적인 리더십을 발휘하도록 노력해야 한다.

2) 강점

지금까지 강점에 대한 연구는 여러 학자들에 의해서 진행되어 왔다. 특히 도널드 클리프턴은 40년간에 걸쳐 인간의 강점을 연구하는 야심찬 프로젝트를 진행시켰다. 후에 갤럽의 학자들이 이 연구에 합세하면서 수백 개의 회사와 1천 개가 넘는 학교를 대상으로 연구가 확대되었고 더욱 신뢰도 높은 결과를 얻게 되었다. 지금은 기업, 공공 서비스, 경제학, 교육, 신앙, 자선 활동 등 거의 모든 분야에서 하나의 강점 운동으로 확산되고 있다.

이들의 연구에 의하면 사람이 재능이라는 반복된 패턴을 보이게 되는 것은 수많은 뇌신경들의 연동 때문에 일어난다. 그런데 이러한 뇌신경들에 의

한 패턴은 어린 나이에 결정되며 그 이후에는 새로운 패턴이 만들어지지 않는다. 그러므로 한 사람의 강점은 어릴 때 결정된다고 보는 것이 옳다. 이것을 하나님의 디자인의 관점에서 보면, 하나님께서는 사명 리더가 사명을 감당하도록 특별한 강점을 허락하신다. 이는 인간이 변경할 수 없는, 하나님의 영역이다. 그러므로 리더는 자신의 강점이 무엇인지를 파악함으로써 하나님의 뜻을 미루어 짐작할 수 있다. 하나님께서 허락하신 강점은 하나님이 원하시는 사명과 연결되어 있을 가능성이 높기 때문이다. 이제 강점에 대해 살펴보자.

(1) 강점 혁명

강점에 대한 생각을 대중화시킨 책은 마커스 버킹엄과 도널드 클리프턴이 쓴 「위대한 나의 발견 강점 혁명(*Now Discover Your Strengths*)」이다.[23] 위에서 살펴보았지만 이 책은 사람의 재능이 어려서 결정된다는 사실에서 출발한다. 그렇다면 지금까지의 교육은 잘못된 선입관에 근거해 있었다. 즉 모든 사람은 교육만 받으면 어떤 분야에서든 유능해질 수 있기 때문에, 성장을 위해서는 그들의 가장 큰 약점을 보완해서 균형을 이루도록 도와줘야 한다는 것이다. 그러나 약점은 찾아서 고쳐야 하고, 강점은 그대로 두어도 된다는 생각은 세 가지 그릇된 생각에서 기인한다. 첫째, 그들은 약점을 고치면 성공한다고 생각한다. 하지만 실제로는 그렇지 않다. 그들은 평범한 수준에 도달할 뿐이다. 둘째, 그들은 재능은 개발하지 않아도 저절로 발휘되기 때문에 걱정하지 않아도 좋다고 생각한다. 하지만 이 또한 그렇지 않다. 재능은 갈고 닦아야 개발되며, 여기에 지식과 경험을 더해야 그 사람의 강점이 된다. 셋째, 사람은 열심히 노력하면 성공할 수 있다고 생각한다. 하지만 이 또한 많은 경우 사실과 다르다. 차라리 자신이 갖고 있는 강점을 찾아내어 그것을 강화하도록 노력하는 것이 성공에 이르는 지름길이다.

그러므로 이 책은 다음과 같은 관점을 제시한다. 모든 사람은 자신만의 독특한 재능을 갖고 있으며, 그것은 결코 변하지 않는다. 그러므로 가장 큰 성장 가능성은 그들의 약점이 아니라, 그들이 가진 강점에 있다. 교사, 배우, 회계사, 텔레마케터 등 어떤 직업이든 스스로 선택한 직업에서 성공을 거둔 사람들에게서 발견할 수 있는 공통점은, 바로 자신의 강점을 찾아내어 자신의 일과 삶에 최대한 활용하는 능력을 지녔다는 점이다. 그렇다면 인생의 제안도 바뀌어야 한다.

(강점이 있는 분야에서) 노력하면 최고가 될 수 있다.
(강점이 있는 분야에서) 연습을 거듭하면 완벽해진다.
(강점이 있는 분야에서) 성공할 때까지 도전하라.[24]

강점이론의 정수는 강점을 강화하여 약점까지 커버하는 것이다.[25] 그리고 이렇게 강점에 집중하면 새로운 눈으로 사람을 보게 된다. 좋음(very good)과 위대함(great)의 차이를 알게 되고, 자신의 강점의 영역에서 탁월한 성공을 얻는다.[26]

(2) 강점이란?
타고난 재능과 학습을 통해 얻은 능력은 다르다. 재능은 타고나야 하지만 기술과 지식은 학습과 경험을 통해 후천적으로 습득이 가능하다. 재능은 무의식적으로 반복되는 사고, 감정, 또는 행동이다.
타고난 재능에 지식과 기술을 더하면 그 사람의 강점이 된다. 지식은 학습과 경험을 통해 얻은 진리와 교훈으로 구성된다. 기술은 훈련을 통해 얻은 어떤 분야에 능숙한 능력이다. 그렇다면 강점을 기반으로 한 삶을 구축하는 데는 후천적으로 개발할 수 있는 지식과 기술보다는 재능이 성공의 관건이 된다. 재능이 기반이 되지 않는 학습과 지식만 가지고는 성장의 한계가 있기 때문이다.

강점(strength)은 단순한 재능(talent)을 넘어서 반복적으로 성공의 결과를 가져오는 능력이다. 이 강점은 타고난 재능에 지식과 기술을 더한 것이다. 표면적으로는 그 사람이 잘하는 것을 말하지만, 좀 더 넓은 관점에서 자부심, 열정, 승부욕, 용기, 인내와 같은 내면적인 욕구까지 포함한다.[27]

(3) 강점 중심의 새로운 접근방법

그렇다면 우리는 어떻게 강점을 극대화하는 삶을 살 수 있을까? 도널드 클리프턴과 폴라 넬슨은 재능을 강점으로 발전시키는 환경을 구축하기 위해 다음의 네 가지가 필요하다고 말한다.

① 사명(mission) : 예외적인 성공을 거둔 사람들은 확고한 사명감을 가진 경우가 많다. 사명은 이타적이기 때문에 이기적인 목표의 해독제가 된다. 이러한 사명은 존재의 이유를 밝혀주고, 자신이 하고 있는 일에 대한 확신을 주기 때문에 강점을 강화한다. 그 결과 사명은 강점을 자극하고 강점은 사명을 실현한다.

② 관계(relation) : 따뜻하고 격려하는 인간관계는 시너지를 만들어 낸다. 반면에 관심을 적게 받은 사람은 능력을 제대로 발휘하지 못한다. 그러므로 인간관계를 구축해 놓는 것은 자신의 능력을 극대화하는 좋은 환경이 된다.

③ 기대(expectation) : 기대는 사람들이 강점을 발휘하여 목표를 달성하는 데 있어서 중요한 자극제가 된다. 그러나 부정적인 결과를 낳는 기대도 있다. 재능이 없는 사람에게 능력을 발휘하라고 하는 잘못된 기대나 그 사람의 미래가 없다는 부정적인 기대는 사람을 황폐케 만든

다. 올바른 기대는 강점에서 출발하며 긍정적이고 적극적인 생각을 가능케 함으로써 주위 사람의 공감과 협력을 이끌어낸다.

④ 축하(celebration) : 모든 사람은 끝없는 박수와 축하를 갈망한다. 칭찬은 고래도 춤추게 한다. 강점을 추구해 나갈 때 크건 작건 이뤄지는 결과에 대해 축하하고 격려하는 것은 강점을 강화해 나갈 수 있는 환경을 만든다.[28]

마커스 버킹엄도 그의 책, 「강점에 집중하라」에서 강점 중심의 삶을 구축하는 실천방법을 6단계로 제시하고 있다. 아래의 6단계는 각각 1주일간, 총 6주간의 훈련코스로 개발될 수 있다.

① 신화를 깨라 : 무엇이 당신을 가로막고 있는지 확인하고, 그것들이 가진 신화를 깨라.
② 명확히 하라 : 당신의 강점을 확인하고, 그것을 명확히 하라.
③ 강점을 살려라 : 어떻게 하면 강점을 최대한 활용할 수 있는지 고민하고, 강점을 최대한 살려라.
④ 약점은 최소화하라 : 약점을 아주 없앨 수는 없지만, 그것을 가능한 최소화하라.
⑤ 강점과 약점을 공유하라 : 다른 사람들에게 자신의 강점과 약점을 알려주고, 강점으로 팀에 기여할 수 있음을 설득함으로써, 팀원 전체가 강점 중심으로 바뀔 수 있도록 한다.
⑥ 강점을 습관으로 만들어라 : 이 훈련을 통해 주어진 실천과제를 습관화함으로써 강점 중심의 삶을 산다.[29]

(4) 재능과 소명

하나님이 각 사람에게 독특한 재능을 주셨다는 것은 각각을 향한 하나님의 소명, 디자인과 관계가 있다. 사명 리더는 자신의 재능에 지식과 기술을 더함으로써 집중력 있는 리더십을 발휘해야 한다. 또한 하나님이 허락하신 따르는 자들에게는 자신의 재능과 잠재력, 그리고 가능성이 있다. 그러므로 리더는 따르는 자들이 각자의 강점을 개발하도록 도와야 한다. 또한 리더와 따르는 자들이 함께 협력하여 시너지 효과를 내는 강점 혁명을 일으켜야 한다. 모든 그리스도인은 자신에게 주신 강점을 가지고 교회와 세상을 섬기고 변화시키는 일에 동참할 수 있다.

도널드 클리프턴이 쓴 「크리스천 강점 혁명」에는 34가지의 재능에 대한 설명과 성경 구절이 자세히 나와 있다.[30] 또한 그는 이러한 재능이 교회 안에서 서로 섬기는 협력과 팀워크로 나타나야 한다고 주장한다. 다음은 그의 제안이다.

① 재능이 없는 역할은 가능한 피하라. 약점은 사용하지 않으면 결코 약점이 아니다.
② 누구에게나 약점은 있다. 그러므로 이 약점을 보완할 수 있는 보조도구를 사용하라.
③ 서로 보완하는 협력 관계를 만들어라.
④ 자신의 재능과 강점을 활용하라.[31]

영적 은사와의 관계에 대해서 클리프턴은, "영적 은사는 하나님이 맡기신 사역을 발견하기 위한 지표며, 재능은 그 사역을 이루기 위해 하나님이 주신 도구"라고 말한다.[32] 같은 영적 은사를 갖고 있다고 하더라도 재능이 다르면 결과를 얻기 위해 밟는 과정과 단계가 다르다. 그러므로 그리스도인들은 자신의 영적 은사와 재능을 같이 발견해야 한다. 그럴 때 엄청난 시너지 효과가 일어난다.

개인의 재능과 은사를 인정하고 존중하는 교회는 하나님의 본래 목적을 이루고자 하는 교회며, 이러한 교회는 강점 중심의 교회다. 시너지를 생각한다면 전체는 각 부분의 합보다 크다. 이러한 목적에 이르기 위해 은사에 대해 살펴보자.

3) 은사

(1) 은사?

은사(Gift)는 성령께서 그 뜻에 따라, 그리스도의 몸 안에서 사용하도록, 그리스도의 몸 된 교회의 모든 구성원에게 은혜로 주시는 특수한 속성, 또는 능력이다. 성령께서 주시기에 영적 은사(Spiritual Gift)라고도 부른다. 그런데 이 은사를 주신 이유가 특별한 일을 감당하기 위해서라면, 은사는 리더의 사명과 밀접한 관계가 있다.

거듭남의 체험을 하고 하나님의 자녀가 된 사람들은 한두 가지의 영적 은사를 소유하고 있다. 우리가 예수 그리스도를 고백하는 것은 성령의 내주하시는 은혜 때문이다. 성령은 그 이후부터 더욱 확실하게 그리스도인의 삶 속에 활동하시고, 뜻하신 바대로 몸 된 교회와 세상을 하나님의 뜻에 따라 섬기도록 은사를 주신다. 그러므로 그리스도인들은 자신에게 주어진 은사를 확인하고 이를 하나님의 뜻에 맞게 사용하도록 노력해야 한다.

이러한 영적 은사는 사명 리더에게 여러 가지로 유익을 준다. 먼저 그는 자신 안에 임재하시는 성령을 의식하기 때문에 좀 더 경건한 그리스도인이 될 것이다. 리더가 경건해질수록 하나님은 리더의 삶을 더욱 거룩하고 존귀하게 이끌 수 있다. 둘째로, 리더는 자신에게 주어진 은사의 성격을 앞으로써 자신의 사명에 대해 더욱 확신하게 되고, 이는 확실한 자기 정체성을 갖게 한다. 셋째, 리더가 은사를 활용함으로써 그 분야에서 더욱더 많은 영향력과 변화의 열매가 맺히게 되고, 결과적으로 하나님 나라의 확장에 기여하게 된다. 마지막으로 이렇게 은사를 활용하는 사명 리더는 사역의 열매를 하나님께 돌림으로써 하나님을 영화롭게 한다.

(2) 은사의 다양성

은사의 종류에 대해서는 교회의 흐름에 따라 약간의 차이가 있다. 그러나 대체로 다음과 같은 것을 생각할 수 있다.

고전 12:8~10	: 지혜, 지식, 믿음, 병고침, 능력, 예언, 영분별, 방언, 통역
고전 12:28	: 사도직, 교사, 돕는 것, 다스림(관리)
롬 12:6~8	: 권위, 구제, 지도력, 긍휼
엡 4:11	: 전도, 목사
벧전 4:9~10	: 대접
출 31:3	: 재능
딤전 2:1~2	: 도고(중보기도)
시 150:3~5	: 예능

천부적 재능과 은사와의 관계에 대해 여러 가지 주장과 설명이 가능하다. 그중에 공통적인 것은 둘 다 하나님께서 주신 것이라는 사실이다. 하나님께서는 그분의 디자인에 따라 각 사람에게 천부적 재능과 은사를 허락하신다. 그러나 은사는 성령의 역사 이후의 것이므로 그리스도인에게만 주어진다. 그럼에도 불구하고 이 둘은 밀접한 관련이 있다. 출생 시의 하나님의 디자인과 그리스도인이 된 후의 계획이 같다면 하나님께서는 천부적 재능

을 영적 은사로 연결시키는 경우가 많다. 페이톤 마샬은 피터 와그너의 은사 검사 결과와 MBTI 성격유형 간에 유의미한 상관관계가 있다는 박사학위 논문을 발표했다. 이것은 하나님께서 디자인하신 기질과 성격은 은사로 연결될 가능성이 많음을 보여준다. 그러나 특정한 시공간 속에서 특별한 일을 감당해야 할 때는 그 일을 감당할 수 있도록 재능과 전혀 다른 새로운 은사를 주시기도 한다.

또 하나 혼동할 수 있는 것은 영적 은사와 성령의 열매의 관계에 대한 것이다. 갈라디아서 5장 22~23절에는 성령의 여덟 가지 열매들이 언급되고 있는데, 그것은 사랑, 희락, 화평, 오래 참음, 자비, 양선, 충성, 온유, 절제다. 이 성령의 열매는 그리스도인이 성장하고, 그리스도를 닮아가며, 성령의 충만함을 받을 때 자연스럽게 이뤄지는 결과다. 그러므로 성령의 열매가 성화의 결과 이뤄지는 존재 자체에 관련된다면, 은사는 지금 현재 감당해야 하는 직무와 관련된다. 그러나 이 또한 하나님의 디자인과 섭리의 관점에서 본다면 서로 연결되어 그 리더만의 고유한 색깔로 드러날 수 있다.

또 동일한 은사를 받았더라도 각각 표현되는 방식이 다르고, 그 정도 또한 다르다. 예를 들면 똑같이 주어진 복음전도의 은사라 할지라도 어떤 사람에게는 개인 전도에 사용될 수 있고, 다른 사람에게는 공적 전도활동이나 전도 집회에서 사용될 수도 있다. 또한 대형 집회의 전도자로 사용되기도 하고, 조그만 모임에서 강점을 발휘하는 전도자도 있다. 이러한 차이는 개인의 성격유형, 삶의 배경, 영성의 깊이, 훈련 여하 등의 차이와도 관련된다. 그러므로 동일한 은사를 받았더라도 능력의 정도와 은사를 이행할 영역에 따라 각 사람이 수행할 역할은 달라진다.

은사가 이처럼 다양하게 나타나기 때문에 은사를 대할 때 금해야 할 세 가지 사항이 있다. 첫째로 다른 사람에게 나의 은사를 강요해서는 안 된다. 은사를 받은 감격이 넘칠수록 다른 사람도 그 은사를 받아야 할 것 같은 생각을 할 때가 있다. 그러나 은사는 성령께서 그 뜻하신 바대로 각 사람에게 나눠주시는 것이기 때문에 나의 은사를 다른 사람에게 강요할 수 없다. 둘째, 내 은사가 제일이라고 하는 은사 교만에 빠져서는 안 된다. 그 어떤 강력하고 확실한 은사라 할지라도 은사는 하나님께서 주시는 은혜의 선물이다. 그러므로 어느 은사나 소중하고, 받는 사람은 감사함으로 받을 것이다. 셋째, 모든 그리스도인들은 은사를 받기 때문에 은사의 존재 자체를 부정해서는 안 된다. 은사는 분명히 존재하며, 성령의 내주와 함께 그리스도인들의 삶 속에 이미 주어져 있다.

(3) 은사 검사

한국에 소개된 대표적인 은사 검사로는 윌로우크릭 교회가 개발한 「네트워크 은사발견 사역」[33]과 피터 와그너가 쓴 「은사를 발견하라」,[34] 그리고 NCD가 개발한 「사역의 3가지 색깔」[35]이 있다.

윌로우크릭 교회(Willow Creek Community Church)의 네트워크 은사 개발 프로그램은 은사뿐만 아니라 열정과 삶의 스타일을 점검할 수 있는 도구를 제시하고 있다. 이는 피검사자들로 하여금 이 세 가지 특성들을 총체적으로 바라볼 수 있도록 하며, 자신의 특성으로 교회 안에서 봉사할 수 있는 길을 찾도록 도와주는 장점이 있다.

피터 와그너의 「은사를 발견하라」는 영적 은사에 대한 이론적 정리와 성경에 언급된 28개 은사를 제시해 준다. 또한 독자 스스로 은사를 발견할 수 있는 '은사 발견 검사지'를 제공한다. 특히 이 책은 은사를 받은 사람이 그 은사를 자신의 사역 속에서 계속적으로 점검하고 확증해야 한다는 점을 강조한다. 이는 사람들이 은사 검사 결과를 기계적으로 대입하고 적용하는 것을 막아준다.

NCD의 크리스티안 A. 슈바르츠가 개발한 「사역의 3가지 색깔」은 30가지 성서적 은사들을 소개하면서도 그것들을 크게 3가지 색깔로 묶어서 설명한다. 또한 이 책은 구체적으로 은사를 점검할 수 있는 도구를 제공하며, 은사 발견 후 그것을 개인과 그룹에 적용하는 방법을 제시하고 있다.

이러한 은사 발견 프로그램들의 공통점은 교회가 그리스도의 몸으로서 다양한 지체들을 갖고 있다는 것과, 성령께서 교회의 건강한 기능을 위해 각 지체들에게 적합한 은사를 주신다는 것을 강조하는 데 있다. "우리가 한 몸에 많은 지체를 가졌으나 모든 지체가 같은 기능을 가진 것이 아니니 이와 같이 우리 많은 사람이 그리스도 안에서 한 몸이 되어 서로 지체가 되었느니라."[36] 또한 로마서 12장, 고린도전서 12장, 에베소서 4장 등도 몸이라는 맥락에서 영적 은사를 설명하고 있다. 이 본문들은 그리스도께서 몸이 되시고 영적 은사를 소유한 각각의 신자들이, 몸의 일부로서 제 기능을 하는 살아있는 유기체로서의 교회관을 보여준다. 이러한 그리스도의 몸으로서의 교회는 유기체적으로 협력하며 예수 그리스도가 하신 사역을 이어간다. 그렇기 때문에 각 개인에게 주어진 은사는 자신만을 위해 쓰여서는 안 되며 은사 공동체인 교회의 올바른 기능을 위해 사용되어야 한다.

그렇다면 은사와 성격유형이나 기질과는 어떤 관계가 있을까? 이에 대해 많은 사람들이 성품은 내면적인 것이고 은사는 실천적인 것이라는 것에 동의한다. 그러나 이 둘은 서로 무관하지 않다. 하나님은 대체로 기질과 성격유형에 맞는 은사를 주신다. 성령께서는 우리가 감당할 수 있는 것을 주시기 때문이다. 그러나 하나님의 뜻에 따라 다른 은사가 주어질 때도 있다. 그렇지만 그때에도 주어진 은사는 그의 성격유형이나 기질과 연결되어 그만의 독특한 색깔을 입고 표현된다. 이 관계를 정리해 본다면, 성격유형이 타고난 것인 반면에 은사는 새로운 것이지만, 같은 은사라 할지라도 성격유형에 따라 그만의 독특한 은사 형태가 나타난다. 그리고 사람은 하나님이 만드신 독특한 자신의 형상을 통해 하나님이 의도하시는 일을 할 때 가장 아름답고 행복하다. 그리고 하나님은 종말에 당신이 각 사람에게 주신 것으로 무엇을 했는지를 물으실 것이다.[37)

(4) 은사 발견 과정

교회 공동체 안의 모든 그리스도인들이 은사를 받을 수 있다는 것을 확인했다. 이는 만인사제직을 설명하는 하나의 근거가 된다. 성령께서는 모든 그리스도인들이 사명 리더가 되어 자신에게 맡겨진 사역을 감당하고, 서로 협력하여 주의 몸 된 교회를 형성하며, 세상에 나가 은사를 활용하기를 원하신다. "각 사람에게 성령을 나타내심은 유익하게 하려 하심이라."[38) "각각 은사를 받은 대로 하나님의 여러 가지 은혜를 맡은 선한 청지기 같이 서로 봉사하라."[39)

이 과정에서 성령은 한 사람에게 두세 개의 은사를 주시기도 하는데, 이를 복합은사라고 한다. 그러므로 은사 검사들은 여러 가지 은사의 가능성에 대해 열려있다. 그리고 두 개 이상의 은사들이 서로 시너지를 내게 되면 각자의 영적 개성이 생긴다. 여기에 각자에게 주어진 성격유형, 흥미, 삶의 경험들을 더한다면, 이 세상에 똑같은 리더는 한 명도 없다. 그리고 이 모든 리더들은 주어진 독특한 능력으로 하나님 나라를 위해 사명을 감당한다.

하나님의 사명을 능력 있게 감당하기 위해서 사명 리더는 받은 은사를 적극적으로 확인하고, 계발하며, 사용하는 것이 중요하다. 또한 더욱 큰 은사를 사모하는 것도 필요하다.[40) 리더가 작은 은사도 소홀히 하지 않고 최선을 다해 활용할 때 성령 하나님은 더욱 더 큰 은사를 허락하신다.

피터 와그너는 영적 은사를 발견하기 위한 5단계를 다음과 같이 제시한다.[41) 그의 은사 검사지와 함께 사용한다면 보다 구체적으로 자신의 은사를 발견할 수 있다.

1단계 : 가능성을 탐색하라

2단계 : 가능한 한 많은 은사들을 실험해 보라

3단계 : 당신의 느낌을 점검하라

4단계 : 당신의 성과를 평가하라

5단계 : 교회가 당신의 은사를 인정해 주는지 확인하라.

4) 흥미

(1) STRONG이란?

STRONG 흥미 검사(Strong Interest Inventory)는 1927년 미국의 직업심리학자 스트롱에 의해 처음 개발되었다.[42] 그는 특정 직업활동에 종사하는 사람들에게는 공통적인 흥미패턴이 있으며 이 정보를 사람들의 능력 및 직업에 대한 가치정보와 함께 사용한다면 사람들의 교육 및 진로계획 수립에 도움을 줄 수 있다고 생각했다. 그의 이러한 연구는 계속적으로 보완되어서, 현재는 세계 각국에서 다양한 직업의 특징과 개인의 흥미를 연결해 주는 도구로 사용되고 있다. 이 검사는 피검사자가 주로 어떤 활동에 가치를 두는지, 어떤 직업 환경이 적합한지, 어떤 사람들과 일하는 것을 좋아하는지 등을 판별할 수 있는 척도별 점수(GOT, BIS, PSS)를 제공함으로써 개인의 진로 및 직업탐색을 돕는다.

STRONG에 의하면 흥미란 특정한 대상을 향해 지속적으로 관심을 쏟고 열중하려는 경향이다. 사람들은 흥미 있는 대상에 끌리게 되고, 그 대상을 향해 무엇인가를 하게 된다.

이러한 흥미는 직업만족도나 성공과 밀접한 관계를 갖는다. 사람들은 흥미 있는 일을 할 때 즐겁게 그 일에 몰두하게 되고, 그 일에 대한 만족도가 높아지며, 그 분야에서 성공할 확률이 높기 때문이다. 따라서 진로 및 직업

선택에 있어 개인의 흥미는 다른 어떤 정보보다도 중요하다.

한국에서는 1996년부터 원저자권 소유기관인 미국 CPP(Consulting Psychologists Press)의 승인을 받아 1994년 판 STRONG 검사의 한국화가 진행되었다. 그 결과 1999년에는 GOT 척도를 채택한 중고등학생용 STRONG 진로탐색 검사가 개발되었고, 2001년에는 GOT, BIS, PSS의 세 가지 세부 척도를 적용한 성인을 위한 STRONG 직업흥미 검사가 완성되었다.

(2) STRONG의 내용

STRONG은 GOT, BIS, PSS의 세 가지 큰 척도로 사람의 흥미 경향과 정도를 표현한다.

첫째로 일반직업분류인 GOT(General Occupational Themes)는 피검사자의 보편적인 흥미패턴을 보여준다. GOT 점수는 직업심리학자 존 홀랜드의 직업선택이론이 반영된 여섯 개의 분류로 나누어져 있으며, 내담자의 흥미영역에 대하여 포괄적인 정보를 제공한다. 각 분류에는 그 유형의 사람들이 좋아하는 활동분야, 그들에게 적합한 직업의 종류, 그들에게 편안한 여가 혹은 생활환경에 대한 정보가 포함된다. GOT의 여섯 가지 분류는 다음과 같다.

①R (Realistic, 현장형) : 기계, 건설, 수리작업을 좋아하고, 야외활동, 모험과 신체적 활동을 선호한다.

②I (Investigative, 탐구형) : 과학적이고 탐구적인 성향을 갖는다. 학구적이고 연구하는 분위기를 선호한다.

③A (Artistic, 예술형) : 예술활동 참여를 좋아한다. 창조적이고 자신을 표현하는 직업을 선호한다.

④S (Social, 사회형) : 사람들과 함께 일하는 것을 좋아하고, 다른 사람들

을 도와주는 활동을 선호한다.

⑤ E (Enterprising, 진취형) : 개인이나 조직의 목적을 위해 다른 사람을 지도 통제 및 설득하는 활동을 선호한다.

⑥ C (Conventional, 사무형) : 세부적이고 구체적인 작업을 체계적으로 하는 활동을 선호한다.

둘째로 기본흥미척도인 BIS(Basic Interest Scales)는 일반직업분류(GOT)의 하위척도로, 여섯 가지 흥미유형을 총 25개 세부항목으로 나누어 개인의 흥미유형을 이해하는 데 도움을 준다. 피검사자는 총 25개의 BIS 항목에 대한 응답점수를 비교해 봄으로써 여섯 가지 흥미유형점수에 대한 보다 구체적인 정보를 얻을 수 있다. 따라서 이 척도는 전공과 직업뿐 아니라 여가생활에 대한 흥미를 탐색하는 데에도 도움이 된다.

셋째로 개인특성척도인 PSS(Personal Style Scales)는 일상생활 및 일의 세계와 관련된 광범위한 특성, 즉 업무유형, 학습유형, 리더십유형, 모험심유형들에 대한 개인의 선호를 측정한다. 이 척도는 일반직업분류(GOT)나 기본홍미척도(BIS)의 결과와 통합되어 해석될 때 직업선택을 위한 구체적인 판단을 할 수 있다.

3. 통합을 시도하는 주장들

1) SHAPE

에릭 리즈의 「S.H.A.P.E.」라는 책은 그리스도인들이 자신을 향한 하나님의 고유한 형상을 발견하고, 성취하기 위한 탐구여행을 시작할 것을 제안한다.[43] 이 책에 의하면 모든 사람은 하나님의 사랑의 손에 의해 지음 받은 유일한 예술적 걸작품이다. 이 세상에 자신과 똑같은 사람은 없기 때문에 아무도 자신의 삶을 대신해 줄 수 없다. 하나님은 모든 사람이 이 세상과 하나님 나라를 위해 유일하고 특별한 공헌을 하도록 창조하셨다. 그것은 이 세상에서 유일무이한 사명(mission)이다. 그리고 하나님은 각 사람에게 사명을 주실 때 언제나 그가 그 일을 감당할 수 있도록 무장시키신다. 그러므로 모든 사람은 자신의 고유한 형태(shape)를 발견함으로써 그의 삶을 통해 이루고자 하시는 하나님의 특별한 목적을 발견해야 한다. 그리고 확신과 용기를 가지고 세상을 변화시켜가야 한다.

'SHAPE'라는 말은 각 사람이 보이는 다섯 가지의 특별한 특성들을 지칭한다. 그 다섯 가지는 다음과 같다.

① S (Spiritual Gift) : 이는 다른 사람들과 하나님의 사랑을 나누고 섬길 수 있도록 하나님께서 주신 특별한 능력의 세트다. 당신은 이러한 영적 은사를 위대함(greatness)을 이루기 위해 하나님으로부터 선물로 받았다.

② H (Heart) : 이는 세상에서 하나님을 영화롭게 할 수 있도록 하나님께서 주신 특별한 열정이다. 그러므로 사람들은 무엇이 자신을 움직이는지 점검해야 한다. 자신의 관심이 누구에게 가 있는지, 자신의 궁극적 꿈은 무엇인지 확인해야 한다. 하나님을 위해 심장이 뛰도록 하라.

③ A (Abilities) : 능력은 하나님 나라를 위해 사용하도록 선천적으로 부여해 주신 하나님의 특별한 달란트의 세트다. 하나님은 각자에게 놀라운 능력을 주셨다. 이 책은 50가지의 구체적인 능력들을 예로 들고 있다.

④ P (Personality) : 세상을 항해하며 하나님 나라의 목적을 성취하기 위해 내적으로 심어주신 독특한 성품이다. 그러므로 사람들은 하나님이 원하시는 바로 그 사람이 되도록 노력해야 한다.

⑤ E (Experience) : 하나님께서는 하나님의 사람들을 위대하게 사용하시기 위해 삶의 경험들을 주신다. 개인적인 삶, 직업, 관계, 교육, 영성 등 사람들의 과거에는 하나님의 분명한 목적이 있다. 모든 경험은 긍정적인 것이든 혹은 부정적이고 고통스러웠던 것이든 하나님께 쓰임 받을 수 있다. 그러므로 사명 리더는 자신의 성취와 실패의 경험 모두를 하나님을 위해 사용할 수 있다.

사명 리더가 이 모든 것들의 탐구를 통해 자신이 유일하고 놀라운 복합체라는 것을 깨닫게 되면, 이 모든 것들을 하나님의 뜻에 따라 사용하려는 청지기적 삶이 시작된다. 물론 아직 하나님의 걸작품처럼 보이지 않아도 실망하지 말아야 한다. 위대한 작품은 시간이 필요하기 때문이다.[44)]

사명 리더가 자신의 모양을 형성해 가는 과정에는 많은 장애물들을 만나게 된다. 그것은 여러 가지 근심들, 다른 사람으로부터 받는 상처들, 그릇 행함, 나약함, 인간적 욕망들이다. 이러한 것들은 리더가 온전히 하나님께 순종하는 것을 방해한다.

사명 리더가 이러한 장애물들에서 자유하려면, 리더 안에 하나님께서 일하시도록 해야 한다. 리더는 자신의 힘을 의지하지 말고 하나님을 더욱더 신뢰해야 한다. 그럴 때 리더는 세상의 어려움에 더 이상 떨지 않을 것이고, 주위의 비난에 대해서도 방어하려고 허둥대지 않을 것이다. 리더가 하나님을 신뢰할수록, 그가 가야 할 길은 분명해진다. 그리고 사명 리더는 마침내 자신을 향한 하나님의 사명에 이를 수 있다.

더 나아가서 사명 리더는 자신의 SHAPE를 다른 사람들을 위해서도 사용해야 한다. 하나님은 리더의 SHAPE를 주신 사명에 따라 의미 있게 다루기를 원하신다. 그러므로 사명 리더는 하나님 나라의 꿈을 실현하기 위해 하나님과 함께 세상으로 나가야 한다. 먼저는 리더가 사랑으로 이끄는 사람들을 무장시키기 위해 최선을 다해야 하고, 그들이 자신의 모든 가능성을 실현하도록 도와야 한다. 또한 세상을 하나님 나라의 빛에 따라 변화시켜 가기 위해 노력해야 한다.

이럴 때 중요한 것이 사역의 네트워크, 곧 팀이다. 사명 리더는 혼자서 모든 일을 감당할 수 없다. 그것은 하나님의 창조질서에도 어긋난다. 서로 다르게 지음 받은 사람들은 각자의 역할을 감당하는 가운데 그리스도의 몸을 이루게 되어 있다. 그러므로 사명 리더는 하나님 나라의 꿈을 꾸는 사람들과 함께 협력하면서 자신들에게 맡겨진 사명을 감당해야 한다.

2) 소명 찾기

소명의 관점에서 하나님의 설계를 묻는 책으로는 케빈 브렌플렉과 케이마리 브렌플렉이 쓴 「소명 찾기」가 있다.[45] 부제는 *"당신의 삶에서 당신의 사명을 발견하고 성취하는 실제적인 안내서"* 라고 쓰여 있다. 이 책 또한 부르심에 합당한 삶을 찾아가기 위한 탐구여행을 제안한다. 사람들이 이 땅에 살아있다는 것은 아직 그들에게 사명이 있다는 것이다. 그러므로 모든 사람들은 그분께로 돌이켜 그분이 주시는 사명에 집중해야 한다. 그럴 때 그분은 우리의 과거, 현재, 미래 모두를 그분의 목적에 따라 사용하신다.

이 책 또한 사명 리더를 향한 하나님의 계획에 관심한다. 이를 위해 리더는 '인생 소명지도'(Life Calling Map)를 발견해야 한다. 이 과정에서 다뤄지는 평가목록들은 가장 즐겨 쓰는 기술, 핵심 가치, 선호 역할, 성격유형, 억누를 수 없는 관심사, 영적 은사의 여섯 가지다. 사명 리더는 이 평가항목들을 평가하여 통합적 인생 소명지도를 완성하게 된다. 이것은 리더를 향한 하나님의 설계(design)를 분명히 하기 위한 중요한 도구가 된다.

이제 하나님의 설계를 확인한 리더는 하나님의 디자인대로 살기 위해 노력하게 된다. 리더는 주신 도구들을 활용하는 적극적인 청지기가 되어서 세상의 필요를 채우는 데 도구들을 사용한다. 이러한 실천은 사명 선언서를 작성하고, 목표를 정하고, 행동계획을 세우는 과정을 통해서 구체화된다.

또한 이 책은 소명 성취를 극대화하기 위해 리더의 비전을 확장할 것을 제안한다. 리더에게 한계가 있는 것은 능력이 없기 때문이 아니라 비전이 없기 때문이다. 그러므로 리더는 담대히 하나님의 스케일로 꿈꿀 일이다. 아무리 작은 능력이라도 하나님께 바치면 오병이어와 같이 크게 쓰일 수 있다. 그러므로 이 책은 비전의 확장을 위해서 다양한 질문들과 성취 단계들을 제시하고 있다. 특히 강조하는 것은 리더의 비전을 향한 실천이다. 비전은 행동이 시작되어야만 비로소 현실로 나타나기 때문이다. 이 책은 행동으로 전환되는 비전을 위한 여행계획을 세우는 법, 소명을 따라 살기 위한 전략, 그 과정에서 장애물을 극복하는 방법과 같은 세밀한 부분에까지 다양한 제안을 한다.

이 자료는 소명을 보다 깊고 다양한 각도에서 검토할 수 있게 만들었다는 점에서 귀중한 자료라고 생각된다. 크리스천으로 하여금 소명에 귀를 기울이게 했고, 큰 비전을 강조하며, 사명을 성취하기 위한 맵을 그리고, 그 계획을 실천하도록 인도하는 도구로 유용하게 사용할 수 있다.

그러나 한 권의 책에 너무 많은 내용을 집어넣다 보니 책의 구성이 다소 복잡해졌고 본래의 초점을 잃기 쉬운 단점이 있다. 많은 내용을 담은 것이 강점이자 단점이 된 것이다. 또한 세부 항목에서 실제로 사용하는 점검도구들은 생각보다 정교하지 않다. 하나님의 설계 지도를 위해 다양한 도구들을 사용해야 한다는 것은 중요한 제안이지만, 그 개발된 도구들이 썩 정교해 보이지는 않는다. 비전을 형성하는 것이라든지, 실천을 위해 사명 선언문을 쓰고, 목표를 세우며, 계획을 세우는 것에 대해서도 도구들이 복잡한 만큼 정교하지는 않다. 그러나 각 단계와 분야들마다 염두에 두어야 할 사항들을 세밀하게 제시해 준 것은 이 책의 장점이다.

3) 자기발견 테마여행

산드라 허쉬와 동료들이 쓴 「자기발견 테마여행」은 하나님의 디자인을 발견하려는 또 하나의 책이다.[46] 이 책은 그리스도인들로 하여금 그들이 누구인지, 그들이 왜 이곳에 있는지, 그들의 삶의 방향은 어디를 향하고 있는지, 그리고 그들이 가장 잘 할 수 있는 것이 무엇인지를 깨닫도록 도와준다. 특히 이 책은 이러한 발견과정이 하나님 중심적으로 이뤄지도록 돕는다. 이 책이 반복적으로 다루는 세 가지 주제는 다음과 같은 것이다.

① 하나님께서 창조하신 당신은 아주 귀한 사람이다.
② 하나님께서 당신을 특별하게 창조하셨기 때문에 세상에서 당신은 유일무이한 존재다.
③ 만물의 근원이신 하나님께서 당신이 해야 할 일을 위해 선한 일을 계

획해 놓으셨다.[47]

자신을 보다 구체적으로 발견하도록 돕기 위해 이 책은 탐구자의 정체감, 재능, 은사, 성격, 가치관, 열정, 우선순위, 봉사와 같은 탐구항목들을 제시한다. 그 각각의 항목들을 좀 더 구체적으로 살펴보자.

① 정체감 : 이는 탐구자로 하여금 자신을 확실히 알게 도와준다. 하나님과의 관계에서 자신은 어디에서 왔는지, 왜 이곳으로 왔고, 삶을 통해 무엇을 성취해야 하는지를 질문하는 과정은 퍼즐을 맞추는 것과도 같은 신선한 충격을 준다. 이 책은 독자가 자신의 정체성을 찾도록 도와주려고 한다.

② 재능 : 재능은 하나님께서 특별한 목적이 있어서 그 사람에게만 천부적으로 주신 것이다. 그러므로 사람들은 재능을 발견하기 위해 노력하고, 그것을 하나님의 목적하신 바를 위해 사용해야 한다. 자신의 재능을 탐구하기 위해서 이 책은 존 홀랜드의 직업선택에 관한 이론을 제시하고, 자신을 탐구하도록 돕는다.

③ 영적 은사 : 영적 은사는 하나님의 사역을 위해 주신 것이다. 재능이 삶의 모든 부분을 충족시켜 주지만, 은사는 사람들을 하나님께로 인도하는 특별한 일을 수행하는 데 도움을 준다. 자기 탐구를 위해 이 책은 성경에 나타난 다양한 은사들과 그에 맞는 사역들을 설명한다.

④ 성격유형 : 성격유형은 사람들의 진정한 본질이다. 이는 사람들의 선호도, 장점과 약점, 삶의 태도와 같은 것을 설명해 준다. 이 책은 성격을 파악하는 도구로 MBTI를 소개하며, 이것을 가지고 세상과 교회에서 활용하는 길을 제시한다.

⑤ 가치관 : 이는 독자가 가치를 두고 있는 것을 확인하는 과정이다. 가

치관이 명확한 사람은 흔들리지 않고 집중력 있는 삶을 산다. 이 책은 그리스도인으로서 독자가 가장 중요하게 여기는 가치관들을 확인하도록 돕는다.

⑥ **열정** : 이 단계에서는 탐구자를 가장 강하게 끌 수 있으며 그에게 강한 힘이 될 수 있는 열정을 확인하도록 돕는다. 즉 그가 어디에서 자신이 열정적인 사람이 될 수 있는가를 발견하도록 이끈다.

⑦ **삶의 선택** : 이 부분은 의식적으로 삶 속에서 선택해야 할 일들을 정리하는 데 도움을 준다. 기본적인 원칙은 가장 중요한 것을 우선순위에 놓는 것인데, 이 책은 하나님 나라를 가장 우선적으로 추구해야 하고, 자신의 사명에 따라야 하며, 자신의 한계를 고려해야 하며, 가능한 삶을 간소화할 것을 제안한다.

⑧ **봉사** : 이 탐구여행은 자신의 사명과 구체적인 사역의 장소와 방법을 발견함으로써 그곳에서 섬기는 종으로서 봉사도록 하는 데 그 목적이 있다. 그러므로 이 단계는 섬김의 종에 대한 많은 것을 탐구하도록 이끈다.

이 책은 자신의 삶 속에서 하나님의 뜻을 발견하고, 확실한 정체성을 확립하여, 창조 목적에 따라 세상을 섬기도록 하는 데 그 목적이 있다. 이 책도 위에서 다뤘던 다른 책들처럼 다양한 도구들을 사용하여 다양한 삶의 측면들을 탐구할 수 있도록 돕는다. 그러나 이 책 역시 「소명 찾기」와 같이 많은 도구들을 하나의 책 속에 포함시키는 데 한계를 보여주고 있다. 그럼에도 불구하고 이 책은 홀랜드의 직업선택에 관한 이론이나 MBTI와 같은 전문적인 도구들을 소개함으로써 「소명 찾기」보다는 전문적인 탐구도구들을 제시하고 있다. 또한 책의 마지막 장에는 독자가 직접 탐구여행을 실시할 수 있도록 안내 프로그램을 제시하고 있다.

이 책이 제시하는 여덟 가지 테마는 한 사람의 리더 안에서 상호 영향을 주고 있다. 그중에는 성격유형, 재능과 같이 선천적인 것도 있고, 은사와 같이 후천적으로 하나님께로부터 받은 것도 있으며, 열정이나 가치관과 같이 복합적인 것도 있다. 그러므로 이러한 도구들과 자기점검 주제들은 평면적으로 나열되어서는 안 된다. 리더는 점검 도구들을 사용함에 있어 요철과 원근, 그리고 중요도에 따른 우선순위를 고려해야 한다. 이제 이러한 관점으로 전체를 다시 정리해 보자.

4. 통합적 활용

사명 리더를 향한 하나님의 디자인을 통합적으로 이해하기 위해 점검도구들을 입체적으로 활용해야 한다는 점을 논했다. 이제 그 한 예를 들어보자.

1) 도구들의 이해

스티븐 코비를 비롯한 많은 리더십 전문가들은 리더 자신이 변화시킬 수 없는 것과 변화시킬 수 있는 것을 구분하고, 변화시킬 수 있는 부분에 집중할 것을 제안한다. 이 제안은 참으로 적절하다. 왜냐하면 많은 사람들이 자신이 변화시킬 수 없는 영역에 에너지를 소진하며, 삶을 헛되이 보내고 있기 때문이다. 지혜로운 사람들은 자신이 변화시킬 수 있는 부분에 집중한다. 변화시킬 수 없는 부분은 문제가 더 커지지 않도록 관리하거나, 약점을 강점으로 승화시킬 수 있는 길을 찾는다.

그렇다면 우리도 사람이 '바꿀 수 없는 부분'과 후천적으로 '개발할 수 있는 부분'을 구분해 보자.

(1) 주어져서 변화되지 않는 것
　　- 성격유형, 체질, 강점, 혈액형
　　- 문화적 환경
　　- 영적 은사

(2) 개발 가능한 것
　　- 능력검사의 몇 가지
　　- 강점 검사에서의 지식, 경험
　　- 리더십 훈련 및 자기개발
　　- 문화적 환경의 개척 및 변화의 창출
　　- 영성훈련
　　- 영적 은사

이러한 구분은 리더가 자신의 미래를 준비하고 개발하는 데 매우 중요한 통찰력을 준다. 첫째로 리더는 하나님으로부터 주어졌고, 변경할 수 없는 영역에 대해서는 하나님의 뜻을 찾고 순종해야 한다. 바울이 자신의 몸의 가시를 받아들였을 때 더 큰 역사가 일어났듯이, 리더의 순종 여부에 따라 장애처럼 보이던 것이 리더십 배가에 사용될 수도 있다. 둘째로, 리더는 자신의 힘을 개발 가능한 부분에 집중시켜야 한다. 최선을 다해 자신을 개발하고 미래를 준비하는 사람은 나무가 안으로 자라는 것처럼 내적으로 단단한 리더가 될 것이다.

2) 통합적 활용방법

도구들을 구분할 수 있는 눈이 생겼으면, 구체적으로 리더십 개발을 위한 단계를 생각해 보자.

(1) 주어진 것을 검토하면서 자신을 향한 하나님의 디자인을 발견하는 데 집중하라

모든 존재가 하나님에 의해 창조되었다면, 리더는 자신에게 주어진 모든 것을 하나님의 디자인과 연관하여 검토해야 한다. 특히 이러한 탐구과정은 리더를 향한 하나님의 사명이라는 관점에서 진행되어야 한다.

(2) 소명, 사명과 연관하여 묵상하며 고백의 단계에까지 이르라

하나님의 디자인을 파악하고 사명의 방향을 깨달은 리더는 그 사명에 대해 묵상하는 가운데 고백의 단계에까지 이르러야 한다. 즉 하나님의 사명을 마음으로 받아들이고, 열심히 그 삶을 살기로 결단해야 한다.

(3) 개발 가능한 계획을 세우라

확실한 사명을 고백했으면 사명 리더는 그 사명을 현실로 옮기기 위해 목표를 정하고 계획을 세워야 한다. 그리고 자신이 사명을 감당할 능력을 갖추도록 지식과 경험을 쌓아나가야 한다.

(4) 집중과 포기의 법칙을 활용하라

리더가 사명을 중심으로 초점을 맞추면, 다른 것은 결단력 있게 포기하는 자기 비움의 과정이 필요하다. 삶을 단순화시키고, 사명에 집중하는 리더만이 목표한 것을 이룰 것이다.

(5) 계속적으로 진행하라

이 단계까지 이르면 리더는 초점을 잃지 않고, 초심을 유지하며, 계속적으로 계획한 것을 진행시켜 가야 한다. 이 과정에서 리더는 계속적으로 하나님과의 관계를 유지하며, 위로부터 공급해 주시는 힘을 의지해야 한다.

리더십 개발은 '평생의 과정'(life-long process)이다. 리더십 개발은 '되어가는 것'(becoming)이기 때문에, 단번에 리더십이 완성되지는 않는다. 그러므로 사명 리더는 하나님 나라 비전을 향해 여행하는 순례자처럼 자신의 삶 속에서 사명을 성취해가야 한다.

이 과정에서 '실천과 평가'(action/reflection)는 매우 중요하다. 리더는 정기적으로 또는 비정기적으로 자신의 리더십을 평가해야 한다. 모든 발전은 실천과 평가의 과정 속에서 일어나기 때문이다. 특히 사명 리더는 자신의 실천이 하나님의 뜻 가운데서 진행되고 있는지 확인해야 한다.

더 나아가서 리더가 사명을 완수하기 위해서는 하나님의 도우심이 절대적으로 필요하다. 리더의 사명은 하나님께서 사람을 붙여주시고, 환경을 허락하실 때에야 완수될 수 있기 때문이다.

마지막으로 리더가 사명을 수행하기 위해서는 혼자의 힘으로 불가능하다. 따르는 자들의 충성이 필요하고, 서로 간의 일치된 협력이 필요하다. 이때 필요한 것이 팀워크고, 리더는 팀워크를 형성하는 팀 빌딩 능력이 필요하다. 이 문제는 후에 다른 장에서 다루기로 한다.

5. 되짚어보기

이 장은 리더를 향한 하나님의 디자인을 발견하는 데 초점을 두었다. 이 세상의 모든 것이 창조주 하나님으로부터 왔다면 존재하는 모든 것에 하나님의 목적과 계획이 있다. 그러므로 리더에게 주어진 모든 것도 하나님의 디자인에 따른 것이다. 그렇다면 리더의 사명은 이 땅에서 하나님의 디자인을 발견하고, 그것을 성취하는 것이다.

하나님의 디자인을 구성하는 요소들은 성격, 체질, 혈액형, 강점, 신체적 특성 등의 개인적인 것과, 가정적 배경, 지역특성, 인적 네트워크 등 문화적 환경으로 구분할 수 있다. 리더는 이렇게 주어진 조건에 긍정적 혹은 부정적으로 응답하며 제2의 환경을 개척해 나간다. 이 과정에서 리더는 하나님과 함께 길을 만들어가야 한다. 하나님의 도우심이 없으면 사명의 성취가 불가능하기 때문이다.

우리는 하나님의 디자인을 구성하는 요소들 중 MBTI, 강점, 흥미를 살펴보았고, 통합을 시도하는 주장들로 SHAPE, 소명 찾기, 그리고 자기발견 테마여행을 검토했다.

마지막으로 이 장은 서로 다른 시각과 접근방법을 통합적으로 활용하기 위한 방법을 모색해 보았다. 첫째로, 도구들을 두 가지로 나눠서 접근해야 한다. 즉, 하나님으로부터 주어진 것 중에 변화되지 않는 것과 개발 가능한 것을 구분하고, 개발 가능한 것에 집중하는 것이다. 둘째로, 통합적 활용의 단계들을 생각해 봄으로써 리더십 개발을 구체화한다.

이 장의 단계를 따라 하나님의 디자인을 발견한 리더는 그 디자인을 성취하기 위해 최선을 다해야 한다. 이제 하나님의 디자인을 성취하는 단계로 넘어가 보자.

1. '리더를 향한 하나님의 디자인'이라는 개념의 핵심에 대해 살펴보고, 이 개념이 나의 고백이 되도록 하자.

2. 하나님의 디자인을 구성하는 요소들과 통합을 시도하는 주장들을 하나씩 설명해 보자.

3. 통합적 시도를 나의 삶에 구현하기 위해 이 책이 제안하는 단계를 따라가 보자.

2

하나님의 디자인 성취하기

말씀 묵상

"우리는 그가 만드신 바라 그리스도 예수 안에서 선한 일을 위하여 지으심을 받은 자니 이 일은 하나님이 전에 예비하사 우리로 그 가운데서 행하게 하려 하심 이니라"(엡 2:10).

"너희 안에서 착한 일을 시작하신 이가 그리스도 예수의 날까지 이루실 줄을 우리는 확신하노라"(빌 1:6).

"부지런하여 게으르지 말고 열심을 품고 주를 섬기라"(롬 12:11).

"이러므로 우리 각 사람이 자기 일을 하나님께 직고하리라"(롬 14:12).

"형제들아 나는 아직 내가 잡은 줄로 여기지 아니하고 오직 한 일 즉 뒤에 있는 것은 잊어버리고 앞에 있는 것을 잡으려고 푯대를 향하여 그리스도 예수 안에서 하나님이 위에서 부르신 부름의 상을 위하여 달려가노라"(빌 3:13~14).

사명 리더는 자신을 향한 하나님의 디자인을 확인하고, 자신의 사명을 고백한 사람이다. 그러므로 사명 리더는 자신에게 주어진 하나님의 디자인을 성취하기 위해 산다. 이 장은 사명 리더가 하나님의 디자인을 자신의 삶 속에서 성취하는 방법에 대해 살펴보려고 한다.

그렇다면 우리는 어떻게 하나님께서 주신 사명을 성취할 수 있는가? 사명을 실천하는 초입에서 우리는 비전, 사명, 목표 설정, 계획이라는 주제를 만난다.

① 비전(Vision)
② 사명(Mission)
③ 목표 설정(Goal-setting)
④ 마스터플랜(Master-planning)

최근에 들어서 거의 모든 리더십 연구는 리더십을 발휘하기 위한 필수 요소로 비전(Vision)을 꼽고 있다. 대부분의 리더들은 강한 비전을 갖고 있고, 이 비전이 따르는 자들을 그 방향으로 강하게 이끌어 간다. 이 비전과 연결되는 가장 중요한 개념은 사명(Mission)이다. 사명은 리더와 따르는 자 모두에게 존재의 의미와 이유를 부여해 준다. 그리고 이 사명이 리더와 따르는 자로 하여금 사명을 향해 움직이도록 한다.

그렇다면 비전과 사명은 어떤 관계가 있는가? 하나님은 리더를 향한 비전과 꿈을 갖고 계신다. 그러므로 리더를 창조하실 때 그를 향한 목적과 디자인을 정해놓으신다. 리더가 이 목적을 깨달을 때, 그 비전은 현실로 다가온다. 비전은 비록 불완전하지만 하나님이 의도하신 미래를 감지하는 것이다. 비전은 미래에 대한 개인의 생각이 아니라 하나님이 주신 영감으로 미래를 전망하는 것이다.[1] 이것은 하나님께서 허락하실 때만 가능하다. 그러므로 리더에게 있어서 비전은 이 세상에서 유일한 것이다.

하나님의 비전을 본 리더는 그 비전을 성취해야 할 사명을 느끼게 된다. 즉 리더의 비전은 사명의 고백으로 이어진다. 자신은 임무를 완수하기 위해 지음 받았고, 하나님의 자녀가 되었다고 고백하게 된다.[2] 이제 그는 자신의 삶을 전폭적으로 사명에 집중하게 된다.

비전을 봄 → 사명의 고백 → 창조 목적의 발견 → 사명의 실천

그러나 다른 방향에서 사명에 이르는 것도 가능하다. 하나님의 창조 목적을 발견한 사람은 그 목적을 성취해야 할 자신을 보게 된다. 즉 하나님의 목적은 리더의 사명을 이해하도록 해 준다. 이때 사명을 느낀 리더는 그 사명을 성취한 후의 미래를 바라보게 되는데 그것은 곧 비전이 된다. 이렇게 비전은 사명이 성취된 모습 또는 결과와 관계된다.

창조의 목적을 깨달음 → 사명의 고백 → 비전을 봄

비전과 사명은 어느 것이 먼저이든지 간에 함께 존재할 수밖에 없다. 그리고 이 둘은 리더를 강하고 집중력 있게 만들며, 사람들로 하여금 리더를 따르게 한다.

그러나 리더가 비전과 사명을 느끼고 고백하더라도 분명한 '목표 설정'(Goal-setting)과 실천을 향한 '마스터플랜'(Master-planning)이 없으면 비전과 사명은 실현될 수 없다. 그러므로 올바른 목표 설정과 마스터플랜은 비전과 사명을 성취하는 가장 중요한 도구다. 이제 리더십과 연관하여 이 네 가지 주제들을 점검해 보자.

비전, 사명, 목표의 관계

1. 하나님의 디자인 성취를 위한 통합 구조

하나님의 디자인을 성취하기 위해서는 사명 리더가 감당할 사역의 목표와 섬길 대상을 알아야 한다. 그래야 그가 섬길 대상을 향해 무엇을 해야 할 것인지를 명확히 알 수 있다.

1) 사역의 목표

사명 리더가 사역대상을 향해 수고하고 애쓰는 최종 목표는 사역대상의 총체적 치유와 회복이다. 이것은 성서적으로 볼 때 하나님 나라가 회복되는 것이고, 다른 말로 구원이라고 할 수 있다. 비록 이 땅에서 완전한 구원과 하나님 나라 회복은 불가능하다 할지라도 이러한 종말론적 목표가 있는 리더는 순례자와 같은 인생 속에서 최선을 다해 쓰러지지 않고 전진한다. 그러므로 리더가 추구하는 사역의 목표는 보다 총체적이어야 하고, 완전한 통합을 지향해야 한다. 사역 목표의 구체적인 성취를 위해 총체적 치유와 회복의 몇 가지 차원을 고려하면 다음과 같다.

① 육체적 차원 : 모든 사람들은 육체적 허약, 불균형 성장, 영적-정신적-육체적 질병에서 건강해져야 한다. 그럴 때 사람들의 몸은 하나님이 거하실 성전이 된다. 그러므로 사명 리더는 먼저 자신의 몸이 온전히 치유되고 회복되도록 노력해야 하고, 다른 사람들도 그렇게 되도록 섬겨야 한다.

② 정신적 차원 : 세상의 모든 사람들과 단위체들은 한정된 시각, 정신적 장애물, 빈약한 자아상, 연약한 마음, 비전의 부족, 손상된 정체감, 자기발전을 위한 정보 부족 등으로 온전한 치유와 회복의 단계에 이르지 못하고 있다. 사명 리더는 사역대상이 하나님으로부터 오는 비전을 통해 희망을 회복하고, 긍정적이고도 적극적인 사고를 하도록 이끌어야 한다.

③ 사회적 차원 : 많은 사람들이 제한된 사회적 관계, 사회적 능력 부족, 그리고 사회적 단절 때문에 신음하고 있다. 이들에게 가족관계의 회

복, 공동체 형성, 사회적 조직화, 협력의 네트워크 형성 등을 통해 사
회적 단절을 회복해 주는 것은 사회적 치유와 구원을 향한 중요한 출
발점이 된다.

④ **문화적 차원** : 사람은 문화적 존재다. 문화는 사람이 만들지만, 일단
만들어진 문화는 그 문화 안에서 자라난 사람들의 세계관, 가치관, 규
범, 삶의 양식 등 모든 것을 규정한다. 그러므로 건강하지 못한 문화
에서 자라난 사람들은 건강하지 못한 삶을 몸에 익히게 된다. 운명론
적 세계관, 퇴폐적 문화, 끊이지 않는 범죄들, 극단적 개인주의 등 수
많은 문제들이 문화적 차원이 파괴된 결과다. 그렇다면 사명 리더는
사역대상을 향해 문화적으로 접근하는 방법에 눈을 떠야 한다. 그리
고 문화를 하나님 나라의 빛에 따라 변혁시켜 가야 한다.

⑤ **경제적 차원** : 사명 리더의 사역대상은 또한 경제적 시스템 안에서의
존재다. 그러므로 삶을 영위하고 단위체를 움직이기 위한 기본적인
자본이 필요하다. 많은 사람들이 노동과 생계능력 부족, 많은 부양가
족, 직업의 부재, 재산의 부족, 물질적 가난, 희박한 자원, 제한된 기
회, 저축의 부족 등으로 고통 받고 있다. 이들에게는 기본적인 생계의
보장, 재정 지원, 자립능력의 확보, 경제적 능력의 회복 등 많은 지원
이 필요하다. 또한 분배 정의의 확보, 기회 균등의 시스템 정착 등 사
회구조적 차원도 중요하다. 사명 리더는 사역대상을 향한 비전을 경
제적 차원에서 이해하도록 노력해야 한다.

⑥ **정치적 차원** : 사람은 힘의 역학관계 속에서 살아가는 정치적 존재다.
어떤 조직이든 이러한 힘의 상호작용이 존재한다. 문제는 이러한 힘
과 권력이 한쪽으로 편중되어 있다는 데 있다. 결과적으로 힘을 소유
하지 못한 사람들은 평등한 기회를 누리지 못한다. 그러므로 정의와
평등을 향한 하나님 나라의 비전은 이러한 정치적 구조를 바로잡기

위해 필수적이다. 그럴 때 사명 리더의 사역은 권력의 악순환을 끊을 수 있다.

⑦ 생태적 차원 : 인간은 지구 안에서 삶을 영위하고 있다. 그리고 이 지구는 사람 이외에도 많은 생명체들과 함께하고 있다. 그럼에도 불구하고 사람들은 지극히 자기중심적이어서 주위의 많은 생명체들을 멸종의 위기로 몰아가고 있다. 사명 리더는 사람 중심적인 좁은 시야를 벗어나서 하나님이 지으신 피조물 전체를 볼 수 있어야 한다. 그리고 이들을 향한 청지기적 사명을 회복해야 한다. 이 차원을 상실하고 전 지구적 치유와 회복을 논할 수 없기 때문이다.

⑧ 영적 차원 : 우리의 사역대상은 하나님의 피조물이다. 그렇기 때문에 모든 사역대상은 하나님과의 관계에서 이해할 때 온전한 대안을 찾게 된다. 이 땅의 모든 문제는 하나님과의 관계의 단절에서 시작된다. 그 결과 사역대상들은 영적 차원을 상실했다. 특히 사명 리더는 "통치자들과 권세들과 이 어둠의 세상 주관자들과 하늘에 있는 악의 영들" 차원의 문제들을 보아야 한다.[3] 그럴 때 정사와 권세에 유혹되고, 두려움에 떨며, 속박되어 있는 사역대상을 이해하게 된다. 그들을 향한 하나님의 주권 회복과 온전한 믿음, 소망, 사랑의 회복은 사명 리더가 추구해야 할 궁극적 목표다.

2) 사역대상

사명 리더의 사역대상은 개인, 교회, 가정, 세상의 네 가지로 나눠 살펴볼 수 있다. 그리고 세상은 다시 직장, 지역사회, 글로벌세계로 나눌 수 있다. 사명 리더는 어느 하나의 사역대상에 치우쳐서는 안 되며, 가능한 시간과 에너지의 분배에 있어서 균형을 유지해야 한다. 또한 사역대상들은 통합적으로 연결되어서 상호영향을 주고 있다는 사실을 잊지 말아야 한다.

　그렇다면 사명 리더는 각각의 사역대상을 향한 비전과 사명, 목표와 마스터플랜을 가지고 있어야 하며, 동시에 이들을 통합한 전체적 비전과 사명, 목표와 마스터플랜도 준비해야 한다. 이 과정에서 처음에는 상반된 것 같던 비전들도 계속적인 탐구를 통해 퍼즐조각 맞추듯 하나로 연결되어갈 것이다.

　각각의 비전/사명/목표/마스터플랜 → 통합된 비전/사명/목표/마스터플랜

　그 반대의 과정도 가능한데, 하나님께서 주신 통합적 비전을 본 사람은 이 비전을 각각의 사역대상에 적용한다. 하나님께서 주신 통합된 비전은 사명 리더의 모든 삶의 영역에 구체적으로 적용되어야 한다.

　통합적 비전/사명/목표/마스터플랜 → 적용된 비전/사명/목표/마스터플랜

　아래의 그림은 이 상호관계를 표현한 것이다. 이제 상호관계의 시각에서 각각의 사역대상을 좀 더 구체적으로 살펴보자.

사명 수행의 총체적 이해

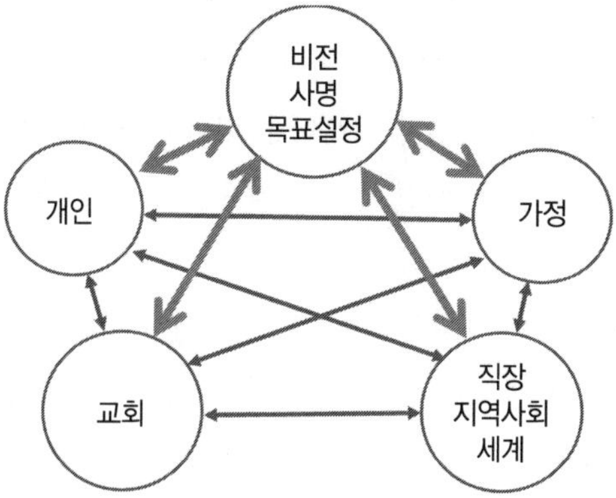

① 개인 : 사명 리더는 자신의 삶을 하나님의 비전에 따라 관리할 수 있어야 한다. 자신의 육체적, 정신적, 사회적, 문화적, 경제적, 정치적, 환경적, 영적 차원이 하나님 나라의 빛에 따라 건강하고 유기적이 되도록 관리해야 한다. 리더 개인의 총체적 건강을 유지하는 것은 리더의 삶을 허락하신 하나님을 향한 청지기로서의 사명이며 비전 성취의 일부다. 그리고 이러한 개인적 건강은 리더가 통합적 사명을 감당해 가는 데 있어서 너무도 중요하다.

② 교회 : 사명 리더는 교회를 향한 하나님의 비전이 성취되고 교회가 제 기능을 할 수 있도록 최선을 다해 섬겨야 한다. 이를 위해서 교회의 육체적, 정신적, 사회적, 문화적, 경제적, 정치적, 환경적, 영적 차원이 균형 있게 다뤄져야 한다. 교회가 총체적으로 건강할 때, 그 구성원들도 건강하게 된다. 또한 건강한 교회가 세상에서 하나님 나라 운동을 전개할 수 있다.[4] 그러므로 교회를 건강하게 유지하는 것은 사명 리더의 두 번째 사명이다.

③ 가정 : 사명 리더는 가정도 하나님의 비전에 따라 건강하게 목회해야 한다.[5] 리더는 항상 가정의 육체적, 정신적, 사회적, 문화적, 경제적, 정치적, 환경적, 영적 차원이 총체적으로 건강하도록 섬겨야 한다. 가정은 하나님께서 맡겨주신 중요한 사역지고, 모든 구성원은 가정을 가꿔갈 사명을 지닌 청지기들이다. 그러므로 리더는 먼저 이 일에 모범을 보여야 한다. 이렇게 아름다운 리더의 가정은 따르는 자의 가정에게도 희망이 된다. 또한 리더는 자신의 경험을 다른 가정에게 나누는 것으로도 섬길 수 있다.

④ 직장 : 사명 리더는 소명의 장소인 직장에서 하나님의 비전을 성취하는 사제의 직분을 감당한다. 우리는 앞에서 만인사제직을 다루면서 목회자는 교회의 사제고, 평신도는 세상의 사제라는 사실을 확인했

다. 그러므로 평신도 리더는 자신의 직장을 소명의 장소로 여기고 일터에서 목회해야 한다. 직위의 고하를 막론하고 사명 리더는 하나님께서 파송하신 목회자요 선교사다. 그러므로 영적 권위를 잃지 않도록 최선을 다해 기도하고 사랑으로 섬겨야 한다. 이곳에서도 사명 리더는 육체적, 정신적, 사회적, 문화적, 경제적, 정치적, 환경적, 영적 차원에 대한 통찰이 필요하다.

⑤ **지역사회** : 지역사회는 섬기는 교회가 위치해 있는 곳이기도 하고, 그 교회의 구성원인 사명 리더의 삶의 터전이다. 사명 리더는 이 지역사회에 하나님의 뜻이 이뤄지도록 최선을 다해야 한다. 지역사회를 육체적, 정신적, 사회적, 문화적, 경제적, 정치적, 환경적, 영적 차원에서 살펴보고, 이 지역사회가 온전히 치유되고 회복되도록 노력해야 한다.

⑥ **세계** : 사명 리더는 땅 끝까지 하나님 나라 복음을 전파하라는 주님의 명령에 순종하여 전 세계를 품고 사역을 펼쳐가야 한다. 특히 글로벌 시대의 교회는 자신이 처한 지역사회에 만족할 것이 아니라 세계의 교회들과 협력하며 전 지구적 사역들을 감당해야 한다. 이것을 위해 사명 리더는 세계적인 시야를 확보하는 것이 중요하다.

3) 사역대상 접근의 차원

사명 리더는 사역을 수행하는 데 있어서 그 대상의 다차원성을 고려해야 한다. 사역대상은 다양한 측면이 있고, 그 깊이에 있어서도 여러 단계가 있다. 그중 어느 측면이나 단계가 악화되면 개인적 파괴와 사회적 해체, 그리고 환경의 파괴에까지 이를 수 있다. 그러므로 사명 리더는 총체적 관점을 잃지 말아야 한다.

또한 사명 리더는 사역대상이 갖고 있는 핵심 질문에 귀 기울일 수 있어야 한다. 즉 그들이 가장 필요한 것이 무엇인지 알아야 한다. 문제의 핵심을 파악하고 응답하지 않으면 노력은 하되 효과를 거둘 수 없게 된다. 다음은 사역대상을 향해 접근해 가는 차원들이다.

① 필요(needs): 개인적 부족
② 문제(problems): 부분적 문제들
③ 구조(structure): 보다 포괄적인, 사회 전체적 문제
④ 이념, 가치(Ideology, Value): 영적 문제

또한 사명 리더는 사역대상을 향해 서로 다른 목적을 가지고 접근할 수도 있다. 이는 각각의 목적을 위한 하나님의 부르심과 관계있다. 그 목적은 다음과 같이 구분될 수 있다.

① 복음전도(evangelism): 개인적 구원
② 사회적 실천(social action): 사회변혁
③ 경제적 발전(economic development): 지역사회 개발
④ 정의(justice): 정치, 경제적 정의와 샬롬의 성취

우리는 사명 리더의 사역목표가 총체적 치유와 회복임을 확인했다. 그러므로 문제의 해결 또한 총체적이어야 한다. 영적 영역 외에도 물질적, 정신적, 사회적 영역을 포함해야 한다. 물론 사역대상을 향한 접근에는 다양한 차원이 있다. 그러나 궁극적으로는 총체적 치유와 회복, 즉 통전적 구원에 이르러야 한다.

2. 비전

1) 비전?

사전적으로 비전(Vision)이란 미래에 대한 구상, 미래상, 보는 행위 또는 능력, 꿰뚫어보는 힘, 선견, 통찰의 뜻으로 사용된다.[6] 특히 리더십에서 비전이란 아직 실현되지 않았지만, 이미 존재하듯 실현될 것을 앞서 보는 것을 말한다.[7] 히브리서에 의하면 비전은 믿음의 눈으로 보는 것이다. "믿음은 바라는 것들의 실상이요 보이지 않는 것들의 증거니 선진들이 이로써 증거를 얻었느니라."[8] 즉 비전이란 믿음의 눈으로 보는 그림이며, 영적 미래상이다. 이 비전은 현재의 삶을 미래로 이어주는 다리며, 생각을 행동으로 옮기게 하는 에너지다. 비전은 사람들의 열정을 이끌어내는 미래의 그림이며, 믿음으로 순례하는 인생길을 밝혀주는 등불이다.[9]

비전은 목적지와 연관되어 있다. 사람은 살아가는 이유와 목적이 있어야 한다. 비전은 이 목적을 밝혀준다. 성서에도 꿈이 없는 민족은 망한다고 했다.[10] 많은 사람들이 내일에 대한 꿈 없이 쳇바퀴 도는 삶을 산다. 특히 자신의 삶의 목적과 연관된 진정한 비전을 발견한 사람은 많지 않다. 그들은 의미 없는 삶을 힘겹게 살다가 생을 마감한다. 그러므로 사람들에게는 비전이 중요하고, 더욱이 어떠한 비전을 갖고 있느냐가 중요하다. 그 비전이 인생을 결정하기 때문이다.

우리의 인생은 한 번뿐이다. 그렇다면 우리 앞에 놓인 길은 네 가지다. 첫째, 꿈이 없이 살다가 죽는다. 둘째, 꿈을 품은 채 시도도 해보지 못하고 죽는다. 셋째, 꿈을 위해 최선을 다하지만 이루지 못하고 죽는다. 넷째, 꿈을 성취하고 죽는다. 그렇다면 적어도 첫 번째와 두 번째 경우가 되어서는 안 된다. 적어도 꿈을 위해 도전은 해 봐야 할 것이 아닌가? 꿈을 위해 죽으라. 그리하면 살리라. 그러나 한 차원 더 나아간 비전이 있다. 그것은 하나님과 연관된 비전이다.

2) 하나님의 비전

창조주 하나님은 죽어가는 세상을 살리기 위한 원대한 비전을 갖고 계시다. 이 비전은 끊임없이 하나님을 움직이게 만들었고, 마침내 아들까지 주시기에 이르렀다. 이 비전은 지금도 세상을 섬기시고 일하시는 하나님 속에 생생히 살아있다. 하나님은 끊임없이 자신의 비전을 사람들에게 계시하시며 동역자를 찾으신다. 대부분의 사람들이 그 비전을 보지 못하지만, 하나님의 비전을 보는 사람은 그 비전에 흥분하게 되고, 그 비전을 향해 자신의 삶을 전폭적으로 투신하게 된다.

그러면 어떤 사람이 하나님의 비전을 보는가? 비전을 보는 이는 하나님과 깊은 교제를 나누는 사람이다. 하나님의 사랑을 느끼려고 애쓰는 사람, 곧 하나님의 마음을 품으려고 하는 사람이 하나님의 비전을 볼 수 있다. 이러한 사람은 세상에 매몰되지 않고 하나님의 시각에서 세상을 보게 된다.[11] 아브라함이 갈대아 우르에서 하나님의 비전을 본 것을 생각하라. 아브라함은 다른 친척과 이웃들이 보지 못하는 비전을 보았다. 요셉은 꿈 가운데서 하나님의 비전을 보았다. 모세는 떨기나무 불꽃 앞에서 이스라엘의 구원이라는 비전을 보았다. 여호수아는 하나님이 허락하신 가나안 땅에 대한 비전을 보았다. 이사야는 성전에서 하나님을 만나게 되고, 그는 세상을 향해 할 말을 알게 되었다. 이 외에도 성서에서 비전을 본 사람들에 대해 이야기하자면 끝이 없다.

하나님이 주신 비전은 하나님의 간절한 열망과 관계가 있다. 즉 하나님께서 세상을 구원하시고자 하는 간절한 마음과 사랑의 열정이 사명 리더를 세우게 만든다. 그러므로 올바른 비전을 보기 위해서 리더 또한 사랑의 열정으로 하나님을 만나고, 그 마음으로 세상을 바라보아야 한다. 하나님의 비전은 리더가 성경을 읽을 때, 기도할 때, 영혼의 필요를 추구할 때, 다른 사람이 이룬 하나님의 사역을 목격하거나 경험할 때 다가온다. 단번에 나타나기도 하고, 복잡한 퍼즐을 맞추듯이 오랜 시간에 걸쳐 드러나기도 한다. 그러나 비전을 확실히 보게 되면 리더는 주저 없이 말하게 된다. "나는 이것에 내 인생을 바쳤습니다." "나는 이것을 위해 태어났습니다."

하나님이 주시는 비전을 얻기 위해서 리더는 수용성을 넓혀야 한다. 다음은 리더가 수용성을 넓히기 위해서 필요한 체크 리스트다.

① 자신을 쳐서 하나님께 복종하기로 결심하라.

② 순종하는 마음으로 성경을 읽으라.

③ 예배에 전심으로 참여하라.

④ 하나님 나라를 위한 자신의 역할에 대해 열린 마음으로 구하라.

⑤ 자신의 삶 속의 죄들을 고백하고 회개하라.

⑥ 기도나 금식, 그리고 조용히 하나님과 대면하는 시간을 가지라.

⑦ 독서의 양을 늘리라.

⑧ 지경을 넓히는 여행을 하라.

⑨ 다양한 사역자들을 만나보라.

⑩ 다양한 사역에 참여해 보라.

하나님의 비전을 명확히 본 리더는 세상의 대의명분이나 이슈에 쉽게 끌려다니지 않는다. 그는 하나님의 비전을 향한 확신과 열정으로 가득 차고, 그 비전에 헌신하게 된다. 리더십 이론의 대가 켄 블랜차드는 이러한 비전이야말로 삶 전체를 통해 추구해 나가는 영속적인 것이라고 설명한다. 목표라는 것은 달성되면 그 역할을 다하지만, 비전은 평생 동안 그 다음의 목표를 향해 나가게 한다.[12]

마일즈 먼로도 하나님이 주신 비전을 다음과 같이 설명한다. 첫째로, 하나님이 주신 비전은 단순한 관심사가 아니다. 하나님으로부터 온 비전은 이를 행하기 위한 진정한 소원으로 나타난다. 둘째, 하나님이 주신 비전은 어떠한 환경에서도 지속된다. 장애가 닥쳤다고 금방 포기하는 것은 하나님께로부터 온 비전이 아니다. 셋째, 하나님이 주신 비전은 이타적이다. 참된 비전은 하나님 나라가 이 땅에 이뤄지는 것이기 때문에, 본질적으로 이타적이다. 넷째, 하나님이 주신 비전은 당신을 만족시키는 유일한 것이다. 이 세상의 어떤 비전도 인생의 삶에 궁극적 목표가 되지 못한다. 오직 하나님이 주신 비전만이 인생의 참된 만족을 준다. 다섯째, 하나님이 주신 비전은 전적으로 하나님과의 관계를 필요로 한다. 사람들은 하나님과의 관계가 확실할 때만이 이 비전을 볼 수 있다. 여섯째, 하나님이 주신 비전은 개인적이며 동시에 공동체적이다. 하나님이 주신 비전은 더 큰 공동체의 비전으로 연결된다. 일곱째, 비전은 협력을 통해 성취된다. 이 땅에 하나님 나라를 이루는 비전은 서로 다른 달란트를 가진 사람들 간의 협력으로 가능하다.[13]

3) 비전의 전개

하나님의 비전을 발견하게 되면, 사명 리더는 심장이 고동침을 느끼고, 인생을 뒤바꾸는 미래의 그림을 본다. 그러면 그 비전을 향한 에너지와 열정을 갖게 된다. 그럴 때일수록 사명 리더는 더욱 신중하게 꿈을 향해 집중해야 한다. 많은 사람들이 일순간의 꿈에 흥분했다가는 꿈을 유지하지 못하고 일상생활로 돌아가 버린다. 월트 캘러스태드는 그의 책, 「당신의 꿈을 키우라」에서 꿈을 어떻게 유지해야 하는지 말하고 있다.[14] 그에 따르면 리더는 자신이 받은 꿈을 담대히 누리며 그 꿈대로 살아가야 한다. 많은 사람들이 현실을 볼수록 처음의 꿈을 축소시킨다. 그러나 리더는 절대로 처음 꿈을 축소시키거나 포기하지 말아야 한다. 리더는 담대하게 자신의 꿈을 주장하고, 꿈대로 살아야 한다. 담대히 꿈꾸는 자만이 꿈을 유지하고 실현할 수 있다.

꿈을 꾸는 과정에서 리더는 자신의 꿈을 분명히 하고 명확하게 다듬기 위해 노력해야 한다. 리더는 자신을 향한 하나님의 디자인을 살펴봄으로써 받은 소명을 확인할 수 있다. 하나님께서 주신 소명은 자신의 삶의 배경, 성격유형, 강점, 흥미, 은사와 일치될 가능성이 많기 때문이다. 또한 소명을 삶에 옮기는 과정에서 일이 진행되는 것을 면밀히 살펴보면서 소명을 검증해야 한다. 바울도 이방인 전도라는 사명을 감당하는 과정에서 소아시아로 나가는 길이 막혔었다. 이처럼 하나님의 뜻을 리더의 삶과 사역 속에서 검증하는 것은 중요하다.

또한 사명 리더는 하나님이 주신 비전에 이르기 위해 자신을 준비시켜야 한다. 영적인 준비뿐만 아니라, 지적인 능력과 기술적인 능력도 구비해야 한다. 또한 실패를 두려워하지 말고 경험을 쌓아야 한다. 도덕적인 부분과 성품도 점검해야 한다. 그럴 때 비전은 리더에게 더욱더 현실적으로 다가올 것이다.

또한 사명 리더는 비전의 동역자를 준비해야 한다. 하나님 나라의 비전은 혼자서 감당할 수 없다. 그러기에 하나님께서는 동역자를 붙여주신다. 그러므로 리더는 지속적으로, 또 창조적으로 자신을 격려하고 함께할 동역자를 찾아야 한다. 하나님의 비전을 추구하다 보면 많은 난관을 만나게 된다. 이 난관을 헤쳐 나가는 것은 비전의 네트워크를 통해서다. 이 비전의 네트워크야말로 비전이 제 길을 가도록 유지해 주며, 비전의 토대를 확장시킨다.

그러기 위해서 사명 리더는 하나님의 비전을 따르는 자들과 나눠야 한다. 강력한 열정의 비전은 전염된다. 비전은 리더에게만 힘이 되는 것이 아니다. 따르는 자들도 비전으로 인해 성장한다. 그러므로 사명 리더는 자신의 삶을 통해 구체적이고 명확하게 비전을 전해야 한다. 지미 카터는 미국 대통령직을 마친 후 해비타트 운동에 동참했는데, 직접 망치를 들고 집을 짓는 모습은 많은 사람들에게 도전을 주었다. 마더 테레사가 캘커타의 빈민들 옆에서 봉사하는 모습은 그의 열정과 비전을 살아있게 했다. 이렇게 사명 리더는 자신의 삶을 통해 비전을 강력하게 전달해야 한다. 그때에야 사람들은 리더를 통해 구체화된 비전을 본다. 이때 리더는 담대히 말할 수 있다. "나는 이 비전에 인생을 걸었어. 이 길이야말로 세상 어느 것보다도 인생을 걸 만한 일이지. 너도 함께하지 않을래?" "우리에게는 너의 전문성이 필요해. 우리와 함께하자." 리더는 사람들의 거절을 두려워해서는 안 된다. 계속 요청하고, 확신으로 기다려야 한다. 결단은 그 사람들의 몫이고, 결과는 하나님의 손에 달려 있다.

3. 사명

1) 평생 사명?

인생이란 무엇인가? 나는 왜 이곳에 존재하는가? 이러한 물음에 대답을 가진 사람과 그렇지 않은 사람 사이에는 엄청난 차이가 있다. 많은 사람들이 존재의 의미를 찾지 못한 채 살고 있다. 그러기에 하루에도 전 세계적으로 수백 명씩 자살을 한다. 어떤 사람은 인생의 짐이 너무 무거워서, 어떤 사람은 실연을 해서, 어떤 사람은 인생에 재미가 없어서 자살을 한다.

그러나 기독교 신앙은 하나님께서 분명한 뜻이 있어서 세상을 창조했다고 고백한다. 그렇다면 하나님께서 창조하신 이 세계에 존재하는 모든 것은 그 의미와 가치가 있다. 그리고 그 의미와 목적을 이루는 것이 우리의 사명 (Mission)이다. 더 나아가서 이 세상이 하나님의 뜻으로부터 멀리 떨어져서 살고 있다면, 이 세상을 다시 하나님께로 데려오는 사명이 우리에게 주어진다. 이것을 위해 하나님께서는 사람들을 부르시는데, 이것을 '소명'(the Call)이라고 한다.

벤 켐벨 존슨은 그의 책 「목숨 걸 사명을 발견하라」에서 하나님의 부르심에 대한 5단계를 설명한다. 그 단계는 다음과 같다.

제 1단계 : 하나님의 부르심은 사명자에게 주어지는 작은 아이디어로부터 시작된다.

제 2단계 : 시간이 지나면서 이 아이디어는 이미지와 감정의 옷을 입는다. 소명과 연관되면서 그 아이디어는 사명자의 삶과 관계된 이야기가 된다. 그러면 사명자는 이 아이디어를 자신의 삶 속에 실천할 것인지를 놓고 기도하게 된다.

제 3단계 : 감정의 옷을 입은 아이디어는 사명자와 대화를 시작한다.

제 4단계 : 사명자는 드디어 그 사명을 받아들인다. 사명자는 자신을 향한 하나님의 뜻을 깨닫고 이것을 수용하기로 응답한다.

제 5단계 : 사명자가 사명을 향한 첫걸음을 내딛는다. 친구들과 만나서 소명에 대해 대화를 나누고, 교회 지도자들과 상의하며, 구체적인 계획을 세워나간다.[15]

존슨은 하나님께서 우리를 부르시는 아홉 가지 방법에 대해서도 다음과 같이 언급한다.

① 하나님은 당신의 의식에 떠오르는 아이디어를 통해 말씀하신다.

② 하나님은 다른 사람들의 입술을 통해 은사를 확인시켜 주심으로 말씀하신다.

③ 하나님께서는 성경본문을 통해 직접 말씀하신다.

④ 하나님께서는 사람들의 고통을 목격하고 있을 때 우리를 부르신다.

⑤ 하나님은 우리 자신이 겪는 고통을 통해서 말씀하신다.

⑥ 영혼의 동요는 하나님께서 우리를 부르시는 목소리일지도 모른다.

⑦ 하나님의 부르심으로 들어서는 전주곡은 종종 '불안' 이라는 형태로 찾아온다.

⑧ 하나님은 아주 자연스럽고 부드럽게 부르시기 때문에 우리가 극적인 감정을 느끼지 못할 수도 있다.

⑨ 우리는 가끔 기존 사역에 동참하라는 주변의 권유를 받고 어떤 사역에 뛰어들게 된다.[16]

벤 캠벨 존슨은 그 외에도 다양한 방법으로 하나님의 부르심을 확인하는 방법을 제시할 뿐만 아니라, 부르심 대로 실천하는 길을 제안한다.

로버트 허드넛도 그의 책 「소명」에서 하나님의 부르심에 대해 다루고 있다. 그에 따르면 하나님은 기도, 묵상, 양심의 소리, 다른 사람들의 음성, 자연의 소리, 예술, 과학을 통해서 말씀하신다. 그러나 가장 확실한 방법은 하나님의 말씀인 성경과 하나님의 음성을 듣고 응답하는 삶을 사는 사람들을 통해서 들을 수 있다.

많은 사람들은 하나님의 부르심이 갑작스러운 음성으로 임한다고 생각한다. 그러나 갑작스럽게 보이는 것이라도 실제로는 많은 시간을 통해 일어난다. 즉 점진적으로 우리의 삶 속에서 나타났던 수많은 계시들이 적절한 때에, 모든 것이 충분히 축적되었을 때에, 리스닝 포인트에 이르게 되는 것이다. 또한 리더는 삶 속에서 여러 번의 리스닝 포인트를 접하게 된다.[17]

많은 사람들이 리스닝 포인트를 놓쳐버리는 이유는 그들이 현재의 세상일들에 빠져 있어서 하나님의 일을 보지 못하기 때문이다. 그럴 때 이 현재의 일들은 하나님께 나가는 것을 방해하는 우상이 된다. 하나님 아닌 것을 하나님처럼 믿고 따르기 때문이다. 이 장애물들을 피할 수 있을 때 사명자는 온전함과 구원, 그리고 생명의 풍성한 삶 가운데 들어갈 수 있다.[18]

이렇게 하나님께서 소명으로 사명자를 부르신다면, 이 소명에 응답하는 것이야말로 우리의 존재 이유를 실현하는 길이다. 왜냐하면 우리는 그 사명을 위해 지음 받았기 때문이다. 하나님의 구원 드라마에는 분명히 각자의 배역이 있다. 그리고 하나님은 그 독특한 배역으로 각 사람을 부르신다. 그러므로 하나님의 부르심을 듣는 것은 인간에게 최고의 영광이다. 그럴 때 인간은 사명자로서 하나님의 사역에 동역자가 되는 존엄성을 회복한다. 이러한 각성은 삶 전체의 방향을 다시 잡아준다.[19]

이렇게 주어진 사명은 사명자의 평생 동안 이어지는데, 이 평생 사명 (Lifelong Mission)은 인생의 분명한 대답이 된다.[20] 사명자의 평생 사명은 삶에 열정을 낳고, 그 열정은 평생 사명을 성취한다. 사명자는 평생 동안 마음을 쏟아, 최선을 다해, 적극적인 자세로 사명을 위해 일한다. 또한 이 평생 사명은 사명자가 쓰러져도 다시 일어날 수 있는 용기와 힘을 준다. 사명자는 실패를 두려워하지 않고, 실패를 통해 배운다.

그런데 평생 사명은 내가 만드는 것이 아니라 하나님이 내 삶에 주신 목적을 발견하는 것이다. 사명과 연관된 책으로 중요한 영향력을 갖는 것으로는 「목적이 이끄는 삶」[21]이 있다. 이 책은 모든 것이 하나님으로부터 시작되었기 때문에, 이 세상에 우연의 산물은 없다는 데에서 시작한다. 모든 존재하는 것들이 목적이 있다. 또한 이것들은 영원히 존재하도록 지어졌다. 그러므로 하나님 앞에는 영원한 생명 아니면 영원한 심판이 있을 뿐이다.

그런데 이러한 영생에 비해 이 땅에서의 삶은 지극히 짧다. 지구라는 곳은 우리가 임시로 거주하는 장소일 뿐이고, 우리는 이 땅에서 순례자, 외국인, 방문객, 손님, 여행자일 뿐이다. 이러한 시각은 지금 우리에게 가치 있다고 생각했던 것들을 새로운 눈으로 보게 한다. 정말 중요한 것은 영원히 가치가 있는 것이다.

그렇다면 우리가 이 땅에 존재하는 이유는 예배를 통해 하나님께 영광 돌리고, 그리스도를 닮아감으로써 다른 사람들을 사랑하며, 우리의 은사로 다른 사람을 섬기고, 다른 사람에게 하나님의 사랑에 대해 증거하는 삶을 사는 것이 된다.

이러한 사명은 우리가 하나님으로부터 받은 위대한 특권이다. 특히 영원한 삶을 소유할 수 있는 방법을 이야기해 주는 것은 다른 사람을 위해 할 수 있는 가장 위대한 일이다. 그러므로 땅 끝까지 나가 복음을 전파하라는 지상명령은 우리에게 주어진 가장 중요한 사명이다. 이것을 위해 우리는 지역적인 사고에서 세계를 품는 사고로, 지금 여기만 바라보는 사고에서 영원을 바라보는 사고로 전환해야 한다. 하나님은 특별한 시대에 특별한 장소에서 우리를 사용하기 원하신다. 그리고 언젠가 역사는 끝이 날 것이다. 하지만 영원한 삶이 계속 될 것이다.

이러한 고백 속에서 워렌은 우리가 물어야 할 삶의 다섯 가지 중요한 질문을 제기한다.

① 내 삶의 중심을 무엇으로 삼을 것인가?
② 나는 어떤 성품의 사람이 되어야 하는가?
③ 내 삶을 어디에 기여해야 하는가?
④ 내 삶은 어떤 전달 도구가 되어야 하는가?
⑤ 내 삶의 동역자는 누구인가?

크리스틴 사인과 톰 사인은 그들의 책 「하나님 목적 나의 목적」이라는 책에서 성경적 사명 선언문에 대해 말한다. 즉 그리스도인의 사명 선언문은 자신의 욕심만을 위한 것이 되어서는 안 되고, 세상을 변화시키고자 하시는 하나님의 목적을 받들기 위한 것이어야 한다. 그러므로 그 사명 선언문에는 이 세상을 향한 하나님의 사랑의 목적이 분명하게 반영되어야 한다. 또한 이것은 성경말씀이 그리스도인의 삶을 통해서 구체화된 것이어야 한다.[22] 하나님은 사명을 달성할 수 있도록 달란트와 시간을 주셨다. 하나님은 우리가 이것을 가지고 최선을 다하기를 원하신다. 그리고 우리의 삶을 다하는

날 우리는 하나님 앞에서 셈을 하게 될 것이다.

2) 사명의 확장

사명자는 사명자를 끌어당긴다. 리더의 강력한 사명감은 따르는 자들도 사명감으로 일어서게 만든다. 즉 사명은 전염된다.

이 세상 많은 사람들이 존재의 의미를 찾지 못한 채 살아간다. 아니, 자신의 사명이 무엇인지 묻지도 않는다. 그리고는 쳇바퀴 도는 삶 속에서 아무 생각 없이 살아간다. 그들은 평생 사명이 없기 때문에 자신의 삶을 집중시키지 못한다. 이리 저리 떠밀려 다니다가 인생을 마감한다.

그러나 기억하자. 우리는 분명히 하나님의 목적대로 지음 받았고, 그 목적을 이루도록 사명을 부여받았다. 이것을 믿고, 사명을 위해 일어나지 않는 한 우리의 삶에는 아무 변화도 일어나지 않는다. 그러나 그가 움직이기 시작할 때, 자신이 변하고, 주위가 변한다. 마치 도미노처럼.

리더는 먼저 자신의 위대한 사명을 당당하게 고백해야 한다. 자신이 섬기는 교회를 향한 사명에 대해서도 분명한 고백이 있어야 한다. 더 나가서 가정을 향한 사명, 직장을 향한 사명, 지역사회를 향한 사명, 그리고 전 세계를 향한 사명을 분명히 해야 한다. 그럴 때 따르는 자들과 세상의 많은 사람들이 하나님 나라의 빛에서 새로운 사명을 발견하고 새로운 삶을 살게 될 것이다.

4. 목표 설정

비전이 미래에서 사명 리더를 끌어당기는 힘이라면, 사명은 그 미래를 향해 전진하게 하는 동력이다. 그러나 이러한 비전과 사명은 목표 설정이라는 구체적인 활동을 통해 더욱 효과적으로 성취된다. 즉 사명 리더는 자신의 꿈을 기술하고, 생각을 구체화한 후, 그것을 성취할 기한과 단계를 계획해야 한다.

1) 목표 설정?

목표(Goal)는 노력을 기울이는 목표 또는 종착점을 말한다. 이것은 계획된 종착점이며, 삶을 통해 성취하고 싶은 것을 기술한 것이다. 그러므로 목표 설정(Goal-setting)은 특정한 목적을 이루기 위해 구체적이고, 측정할 수 있으며, 실재적이고도 명확한 단계들을 규정하는 과정을 말한다. 목표 설정의 유익은 다음과 같다.

① 목표는 삶의 분명한 방향을 준다.
② 분명한 목표는 그 목표를 이루려는 삶의 열정을 증진시킨다
③ 목표는 무엇을 선택해야 하고, 무엇을 포기해야 하는지 결정을 쉽게 만든다.
④ 목표 설정은 그 방향으로 가면 목표를 성취할 수 있다는 확신을 갖게 한다.
⑤ 목표는 비전의 성취과정을 측정 가능하게 바꿔준다.
⑥ 목표는 사람들로 하여금 책임 있는 삶을 살도록 한다.
⑦ 목표는 삶을 구체적으로 만든다.
⑧ 목표는 우리의 꿈을 강화하고 인내력을 증가시킨다.

브라이언 트레이시는 그의 책 「목표: 그 성취의 기술」에서 성공을 위해

서 가장 중요한 것은 "목표를 설정하고, 그것을 성취하기 위한 계획을 세우고, 날마다 그 계획을 실천하기 위해 노력"하는 것이라고 조언한다.[23] 즉 자신이 원하는 바를 정확히 알아야 하고, 그것을 성취하기 위해 열심히 그 대가를 치러야 한다.

목표를 설정하는 것은 성공을 위한 최고의 기술이다. 목표는 긍정적인 정신을 깨우고 목표 달성을 위한 집중력 있는 아이디어와 그것을 향한 에너지를 폭발시킨다. 목표가 없으면 우리의 인생은 그저 표류하는 배처럼 떠내려갈 뿐이다. 그러나 목표가 있으면 화살이 표적을 향해 날아가는 것처럼 힘 있게 달려갈 수 있다. 목표는 삶에 의미를 부여한다. 인간은 자신이 추구하는 바를 한걸음씩 성취해 갈 때 진정한 행복을 느낀다. 그러므로 목표가 명료할수록 삶의 의미는 더욱더 분명해지고, 잠재력은 배가 된다.

한 사람의 인생은 그 사람의 생각의 결과다. 많은 경우 끊임없이 생각하는 바가 현실로 나타나게 마련이다. 작은 목표를 세우고 그것을 생각하면 작은 목표를 성취할 것이고, 큰 목표를 설정하면 큰 목표를 성취할 것이다. 그러므로 목표를 성취하는 데 있어서 모든 결과는 결국 자신의 책임이다. 자신이 변화해야만 주위의 변화도 일어난다. 그렇기 때문에 *My Goal*을 쓴 리처드 모리타는 자신이 얻고 싶은 것을 분명히 그리라고 말한다.[24] 그러나 무작정 꿈을 꿀 수는 없다. 분명한 그림은 정확한 자기 인식에서부터 시작된다. 자기다움을 살려서 평생토록 정열을 쏟을 수 있는 목표 속에서 살아야 한다. 이러한 맥락에서 짐 카이로는 그의 책 *Success Map*에서 목표 실현의 8단계를 보여준다. 그것은 '① 정체성 확인하기, ② 가치관 정립하기, ③ 목표 설정하기, ④ 행동 계획 설정하기, ⑤ 동기 부여하기, ⑥ 훈련 체계 수립하기, ⑦ 유연성 유지하기, ⑧ 결과 도달하기'다. 그러나 이 8단계의 모형만으로는 목표한 성취를 이룰 수 없다. 중요한 것은 이 모델을 성취해 보겠다는 적극적인 실천 의욕과 끈기, 그리고 결단력이다.

이러한 목표 설정은 도구이기도 하지만, 하나의 중요한 훈련이다. 급변하는 세계 속에서 명확히 정의된 목표들을 설정하고, 그것을 이루려고 계획을 세우며, 그 계획에 맞춰 노력하고, 그 결과를 평가하는 것은 인생을 책임감 있게 살아가도록 하는 훈련인 것이다.

2) 성서적 목표 설정

목표 설정은 세상에서만 유용한 것이 아니다. 목표 설정은 우리의 삶 속에서 많은 열매를 거두게 도와주는 효과적인 성서적 기술이다. 목표 설정은 우리가 꿈꾸는 하나님 나라의 비전을 실재의 삶으로 바꾸는 가장 효과적인 방법이다. 하나님께서는 우리에게 당신의 나라 확장을 위한 엄청난 가능성을 주셨다. 그러나 현실에서는 많은 사람이 그 비전을 삶으로 실현하지 못하고 있다. 이렇게 볼 때 목표 설정은 하나님께서 우리에게 심어주신 꿈과 가능성을 실현할 수 있는 놀라운 도구다.

이러한 목표 설정은 단지 목적을 이루기 위한 기술이 아니라, 성서 안에서도 확인될 수 있는 삶의 방법이다.

노아는 홍수로부터 하나님이 선택한 사람들과 동물들을 구해야 하는 목표를 부여받았다. 노아는 목표를 성취하기 위해 나무를 하고, 톱질을 하며, 계획한 설계에 따라 방주를 만들었다. 그리고 계획된 날에 목적한 대상들을 승선시킴으로써 그 목표를 완수할 수 있었다.

요셉은 7년간의 기근으로부터 이집트 일대의 사람들을 구해야 하는 사명을 부여받았고, 그것을 여러 단계의 목표로 나눠서 실천에 옮겼다. 먼저 풍년이 든 7년간 연차적으로 곡간에 곡식을 저장했다. 그리고 다음 7년간 흉년이 들었을 때도 지혜롭게 곡식을 풀어서 흉년 기간을 무사히 넘기도록 했다.

모세는 이스라엘 백성들을 구원하여 가나안 땅까지 이끌고 가라는 사명을 받았다. 그는 하나님과 함께 하나씩 성공적으로 단계를 거쳐 나갔다. 물론 홍해를 건넌 후 계획한 대로 곧바로 가나안 땅에 들어가는 데는 실패했지만, 계획을 수정하여 40년이 지난 후에는 목표한 것을 이룰 수 있었다.

예수 그리스도는 사명을 성취하기 위해 구체적인 목표를 세우고, 그 일을 진척시킨 가장 적절한 모델이다. 그는 아버지께로부터 사명을 받고 이 세상에 왔다. 성육신한 예수는 30년 동안 그의 때를 기다렸고, 계획한 때가 되었을 때 사역을 시작했다. 12명의 제자를 훈련시키고, 하나님 나라 사역을 보여주시며 훈련하셨다. 계획한 때가 되었을 때 12명의 제자를 70명으로 확대할 수 있었고, 그 제자들이 예수 그리스도의 부활 후 땅 끝까지 나갈 것이라는 목표를 향해 사역을 진전시켜 갔다. 사역의 후반부에 그는 십자가라는 목표를 향해 움직여 가기 시작했고, 마지막에 십자가를 지시며 '다 이루었다'고 그의 목표가 완수되었음을 말씀하셨다. 부활하신 그는 계획대로 성령을 보내셔서 교회를 세우셨고, 예루살렘, 온 유대, 사마리아, 땅 끝이라는 목표를 설정하시며 교회를 세상으로 보내셨다.

바울 또한 그의 사명을 성취하기 위해 목표를 세우고 실천했던 사람이다. 이방의 사도로 세움을 받았다는 바울의 고백은 자신의 사명을 분명히 알고 있었음을 나타낸다. 그는 이방인들에게 복음을 전하기 위해 초기에는 소아시아로 나갈 목표와 계획을 세웠으나, 번번이 계획이 무산되는 것을 보며 목표를 수정하게 된다. 마케도냐 쪽으로 길이 열리면서 바울은 3차에 걸쳐 단계적 목표를 설정하고 유럽 선교를 진행시켰다. 그의 마지막 목표는 로마였고, 그는 그의 생을 마칠 때 그 목표를 이룰 수 있었다.

성서의 예를 살펴보면서, 우리가 하나님께서 원하시는 일들을 성취해야 한다면 우리는 좀 더 객관적이어야 하고, 구체적이고 조직적이어야 한다는 것을 확인할 수 있었다. 그리고 목표 설정은 바로 이러한 일을 돕는다는 것

도 알았다. 목표 설정이라는 구체적인 도구 없이는 우리의 비전과 사명이
실현될 수 없다.

3) 좋은 목표의 척도

G	God Glorifying
O	Objective
A	Ambitious
L	Life-Enhancing

사명 리더가 목표를 세우는 데 있어서 좋은 목표는 다음과 같다. 영어로
목표라는 단어인, GOAL을 기억하면 좋을 것이다.

① G (God-Glorifying): 하나님께 영광을 돌리는 것이어야 한다.

② O (Objective): 객관적이어야 한다.

③ A (Ambitious): 높고 웅대한 것이어야 한다.

④ L (Life-Enhancing): 사람들을 흥분시킬 수 있고, 도전적이어야 한다.

또한 목표 기술문은 SMART해야 한다.
빈틈없고 재치 있다는 뜻의 SMART는 체계
적이고 빈틈없는 목표를 설정하도록 도와줄
것이다.

(1) S – Specific

목표는 시간, 예산, 인적 자원, 물적 자원, 대상, 양과 질 등이 구체적으로 언급되어야 한다. 모호하고 구체적이지 않은 기술문은 실천에 도움이 되지 않는다. 구체적인 목표만이 당신이 이루고 싶은 것을 향해 집중할 수 있도록 도와준다. 그 예를 들어보자.

모호한 목표들	구체적인 목표들
나는 성공하고 싶다.	나는 앞으로 3년 안에 사회학 분야에서 Ph.D. 학위를 얻겠다.
나는 가난한 사람을 돕고 싶다.	나는 매년 내 수입의 10퍼센트를 자선 단체에 기부할 것이다.
나는 여행을 많이 하고 싶다.	나는 앞으로 6년 안에 각 대륙마다 적어도 두 나라씩은 방문하겠다.
나는 안정된 미래를 원한다.	나는 내 월급의 25퍼센트를 내 노후를 위해 투자하겠다.
나는 하나님을 영화롭게 하기를 원한다.	나는 일터에서 매일 한 사람에게 예수 그리스도에 대해 이야기하겠다.

(2) M – Measurable

목표는 측정 가능해야 한다. 시간, 크기, 힘, 무게, 지역, 거리, 속도, 길이, 높이 등 그 성취 여부가 측정 가능해야 한다.

측정 불가능한 목표들	측정 가능한 목표들
나는 이 도시의 모든 사람들에게 복음을 전하고 싶다.	나는 매주 10가정을 방문하고 전도지를 나눠줄 것이다.
나는 모든 교인들에게 하나님의 말씀을 가르칠 것이다.	나는 30명 정도의 젊은이들로 그룹을 만들고 토요일마다 성경공부를 할 것이다.
나는 지적으로 건강하고 싶다.	내 지적 소양을 강화하기 위해 나는… - 매일 신문 한 부를 읽을 것이다. - 매주 주간지 한 권을 볼 것이다. - 매달 책 한 권을 읽을 것이다. - 매일 20분씩 TV 뉴스를 볼 것이다.
나는 건강하고 싶다.	나는 매일 아침 30분씩 운동을 하고 균형 있는 식사로 체중을 65kg으로 유지할 것이다.

(3) A - Attainable

SWOO(Strengths, weakness, obstacles, opportunities) 도구를 사용해서 목표를 이룰 수 있는지를 점검하라. 구체적인 분석 없이는 실현 불가능한 목표를 세울 수 있다.

성취 불가능한 목표들	성취 가능한 목표들
10년 안에 전 세계에 복음을 전하겠다.	25년 안에 한국의 한 도시에 복음을 들려주겠다.
나는 한 주 안에 기타를 배워서 TV에 나가 연주하겠다.	나는 3년 안에 기타를 배우고 연마하여 연주회에 출연하겠다.

(4) R - Realistic

비현실적인 목표는 공중누각이다. 소리만 요란하고 실제로는 성취될 수 없다.

비현실적 목표들	현실적 목표들
나는 강아지의 꼬리를 곧게 만들겠다.	나는 개와 놀 수 있도록 훈련하겠다.
나는 전 세계 사람들에게 설교하고 싶다.	20년 안에 나는 2만 명의 티베트 사람들에게 설교를 하고자 한다.
나는 에베레스트 산을 킬리만자로 산 옆으로 옮겨놓겠다.	나는 내 평생에 에베레스트 산을 등정하고자 한다.

(5) T - Tangible

목표는 추상적이어서는 안 된다. 보이지 않는 목표라도 구체적으로 만지고 체험할 수 있는 목표로 바꿔야 한다.

보이지 않는 목표들	보이는 목표들
나는 사람들을 사랑할 것이다.	나는 만나는 누구에게나 반갑게 웃으며 인사할 것이다. 나는 정규적으로 지역의 아픈 사람을 방문하여 기도해 줄 것이다. 나는 수입의 20퍼센트를 지역의 가난한 사람들을 위해 사용할 것이다.

4) 기타 목표에 대한 이해들

(1) 목표들의 범위

목표들의 범위는 크게 보아서 목표 성취를 위해 걸리는 시간에 따라 세 가지로 구분될 수 있다.

① 단기 목표들 : 1년 정도 걸리는 목표들
② 중기 목표들 : 1~5년 정도 걸리는 목표들
③ 장기 목표들 : 5~10년 정도, 혹은 그 이상이 걸리는 목표들

이때 단기 목표와 중기 목표는 장기 목표와 연관되어야 한다. 이럴 때 단기 목표들은 장기 목표를 이루기 위한 기초 단계들이 된다.

장기 목표
지금부터 15년 내에 내 회사의 CEO가 된다.
중기 목표
지금부터 5년 내에 경영학 학위를 취득한다.
단기 목표
매년 내 전문분야에 두 개의 단기 과목을 수강한다.

(2) 목표들의 우선순위

목표를 세울 때 우선순위를 정해야 하는 가장 큰 이유는 우리의 시간과 자원의 한계 때문이다. 우리가 모든 목표를 동등하게 처리할 수 없다면, 그 중요도에 따라 우선순위를 정해야 한다.

(3) 목표의 평가

목표를 설정하고 그 일을 추진한 후에는 항상 평가가 뒤따라야 한다. 그

래야 이 목표를 계속적으로 추진할 것인지, 아니면 수정할 것인지에 대한 여부가 결정될 수 있다.

간단한 평가를 위한 방법으로는 교통 신호등 접근법이 있다. 즉 빨간색은 목표를 향한 추진을 정지해야 한다. 노란색은 일을 계속 추진해야 할지 아니면 중지해야 할지 신중히 고려해야 하는 상태다. 녹색이라면 좋은 성과를 거두었고, 일을 계속하거나 확장할 수 있다.

또 다른 방법으로는 목표 달성의 정도를 세 가지로 구분하는 것으로서 성취, 부분적 성취, 실패로 나눠서 평가하고 그에 따른 향후 계획을 세울 수 있다. 특히 목표를 달성하는 데 실패했다면, 향후 세 가지 선택이 가능할 것인데, 그것은 다시 시도해 보든지, 목표를 수정하든지, 아니면 실패를 좋은 교훈으로 여기고 추진을 포기하는 것이다.

5. 마스터플랜

대부분의 리더는 마음속에 계획을 갖고 있다. 그러나 그 계획이 문서로 기록되지 않는다면 다른 사람들이 알 수 없다. 그리고 사람마다 서로 다른 계획들이 있다면 서로 간에는 갈등이 생긴다. 그러므로 사명 리더는 명확하게 기록된 마스터플랜(Master-planing)이 있어야 한다. 명확한 마스터플랜은 팀정신과 팀워크를 증진시킨다. 또한 이러한 마스터플랜은 사역의 명확한 틀을 알려준다. 더나가서 마스터플랜은 조직 구성원간의 오해와 불신, 갈등과 와해의 가능성을 줄여준다.

국제마스터플랜 그룹과 멘토일 투데이의 대표인 밥 빌은 그의 책 *Master-planning*에서 종합적 계획의 개념과 전략을 잘 설명하고 있다.[25] 이제 그의 제안을 정리해 봄으로써 마스터플랜을 비전성취의 도구로 활용해 보자.

마스터플랜의 가장 큰 목적은 전략적 큰 그림을 유지하면서, 동시에 세부적으로도 준비할 수 있는 길을 모색하는 데 있다. 이러한 면에서 이 책이 제시하는 '마스터플랜 화살'(Master-planning Arrow)은 한눈에 전체적 그림을 감지하도록 돕는다. 이 화살은 과정의 명확한 경로를 보여주기 때문에 곧바로 실천에 옮길 수 있다. 세상에는 계획만 세우는 그룹이 있고, 행동만 하는 그룹이 있다. 그러나 양쪽 모두는 목표에 이르지 못할 가능성이 많다. 그러므로 명확한 '경로'(Track)와 '실천'(Action)을 합한 '경로실천'(Traction)이 필요하다.

Track + Action = Traction

마스터플랜은 '화살표 논리'(Arrow Logic)를 발전시킨다. 그 결과 팀이 방향을 갖고 나갈 수 있도록 돕는다. 이제 마스터플랜의 틀을 살펴보자. 다음의 도표는 이 책이 제안하는 마스터플랜 화살의 그림이다.

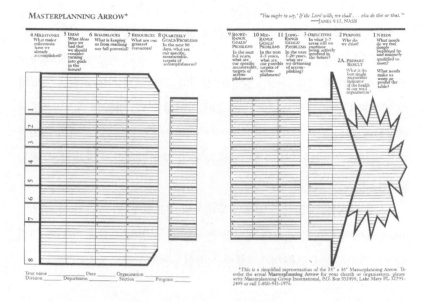

이 도표의 오른쪽 위에는 성경말씀이 있다. "너희가 도리어 말하기를 주의 뜻이면 우리가 살기도 하고 이것이나 저것을 하리라 할 것이거늘."[26] 많은 경우 크리스천들의 주된 질문은 '크리스천이 미래에 대한 계획을 세워야 하는가?' 하는 것이다. 이에 대한 마스터플랜의 대답은, '주님이 원하시면……' 이다. 그러므로 이 책은 사람이 계획을 세울 때는 잠시 멈추고 하나님께 기도할 것을 권한다. 특히 사명 리더는 마스터플랜을 할 때 그것이 하나님의 뜻인지 물어야 한다.

그 이후 각 박스에 부여된 수자는 연속되는 순서를 나타낸다. 마스터플랜은 부여된 순서에 따라 진행될 때 효과를 볼 수 있다. 먼저 첫 번째 세 단계들은 조직의 초점을 분명히 해준다.

① 필요들(Needs) : 사역대상을 향해 어떤 필요(Needs)를 느끼는가?
② 목적(Purpose) : 이 필요의 빛에서 볼 때 왜 우리 그룹이 존재하는가?
③ 목표들(Objectives) : 그 필요를 향해 어떠한 3~7개의 목표들을 진행할 것인가?

이 세 가지는 향후 몇 년간 조직을 흔들리지 않도록 지켜주게 된다. 물론 부분적으로 변화는 있을 것이다. 그러나 이 세 가지는 조직이 시작된 출발점을 상기시켜 준다. 그러므로 사명 리더가 이 단계를 마치면 명확하고 객관적인 초점을 갖게 된다. 그리고 따르는 자들이 이 항목에 동의한다면 리더는 조직 전체를 하나로 묶을 수 있는 초점을 가지게 된다. 그 이후의 단계는 다음과 같다.

④ 획기적인 사건들(milestones) : 우리의 눈을 화살의 맨 밑으로 옮기면 '획기적인 사건들' 이라고 쓰여 있는 곳이 보인다. 각 목표의 영역에

서 리더는 이 조직이 이미 성취한 획기적인 사건들이 무엇이 있는지를 물어야 한다. 이것은 조직의 잠재력을 일깨워줄 것이다.

⑤ 아이디어들(ideas) : 이 항목에서 리더는 각각의 목표에 맞는 '아이디어들'을 정리하게 된다. 리더는 좋은 아이디어를 사장시키지 말아야 한다.

⑥ 장애물들(roadblocks) : 이 항목에서는 각각의 목표 영역에서 조직의 잠재력을 충분히 발휘케 하는 데 장애가 되는 '장애물들'을 점검한다. 각 영역에 가장 큰 장애요소들 세 가지씩만 기록하라.

⑦ 자원들(resources) : 각각의 목표 영역에서 파악된 필요에 도움을 주거나 장애를 극복하는 데 도움이 되는 '자원들'(resources)은 무엇인가?

⑧ 90일간의 목표 : 각각의 목표 영역에서 조직이 앞으로 90일 안에 필요에 응답하는 세 가지 일을 한다면 그것은 무엇이겠는가? 90일 안에 성취 가능한 구체적이고, 측정 가능한 목표는 무엇인가?

⑨ 0~2년간의 목표 : 각각의 목표 영역에서 0~2년 안에 조직이 필요에 응답할 수 있는 구체적이고, 측정 가능한 성취 목표는 무엇인가?

⑩ 2~5년간의 목표 : 각각의 목표 영역에서 2~5년 안에 조직이 필요에 응답할 수 있는 구체적이고, 측정 가능한 성취 목표는 무엇인가?

⑪ 5~20년간의 목표 : 각각의 목표 영역에서 5~20년 안에 조직이 필요에 응답할 수 있는 구체적이고, 측정 가능한 성취 목표는 무엇인가?

마스터플랜 화살은 번호에 따라 주어지는 질문에 순서대로 대답을 하게 인도함으로써, 리더가 조직의 목표에 따라 모든 것을 종합적으로 계획할 수 있도록 돕는다. 또한 도표로 표현된 마스터플랜은 모든 것을 한 눈에 볼 수 있도록 하기 때문에 체계적이고도 균형 잡힌 실천을 하는 데 많은 도움을 준다. 더 나아가서 마스터플랜 화살은 다른 사람들도 같은 시각을 갖고 실천에 참여할 수 있도록 돕는다.

6. 되짚어보기

하나님의 디자인을 성취하기 위해 우리는 비전, 사명, 목표, 마스터플랜이라는 주제들을 검토했다.

사명 리더가 힘 있게 전진하기 위해서는 분명한 비전이 필요하다. 확실한 비전을 본 리더는 초점 있는 집중과 포기의 삶을 살 뿐만 아니라 따르는 자도 이 비전에 동참하게 한다. 특히 이 비전이 하나님 나라와 연결될 때는 하나님과 동역할 수 있는 은혜의 자리에 서게 된다.

사명 리더가 분명한 비전을 보게 되면 자신의 존재이유를 분명히 알고 고백하게 된다. "나는 이것을 위해 하나님께 지음 받았다." "나는 이것을 위해 존재한다." 이러한 사명의 고백은 리더를 더욱 힘 있게 만든다. 그는 평생 이 사명을 위해 살고, 마침내 비전의 자리에 이르게 된다.

비전과 사명을 확실히 보고 고백한 사명 리더는 그것을 구체적으로 실천에 옮기기 위해 목표를 설정한다. 목표는 GOAL해야 하고 SMART해야 한다. 또한 장단기를 고려한 종합된 목표여야 한다. 더 나아가서 목표를 실천한 후에는 평가와 수정, 그리고 재 목표 설정의 단계를 따라 계속적인 실천으로 이어져야 한다.

이제 더 구체적으로 '계획'(planning)이 따라와야 하는데, 이 책에서는 마스터플랜이라는 도구를 살펴보았다. 계획 또한 통합적이고 총체적이어야 하기 때문이다. 이러한 마스터플랜은 사명 리더가 종합적 사고를 잃지 않으면서 세부적인 일을 실천해 갈 수 있도록 돕는다. 또한 따르는 자도 리더의 계획을 분명히 알고 동참할 수 있도록 한다.

1. 이 장이 제시한 사역의 목표, 사역대상, 사역대상 접근의 차원에 대해 설명해 보자.

2. 이 책에서 다룬 사명 리더의 비전에 대해 정리해 보고, 자신의 비전을 기술해 보자.

3. 나의 평생 사명은 무엇인지 써 보자.

4. 자신의 비전과 사명을 실천에 옮기기 위해 GOAL과 SMART한 목표를 설정해 보자.

5. 마스터플랜 화살을 이용하여 자신의 비전, 사명, 목표에 따른 구체적인 마스터플랜을 세워보라.

3

사명의 장소인 지구촌으로 나가기

말씀 묵상

"예수께서 나아와 말씀하여 이르시되 하늘과 땅의 모든 권세를 내게 주셨으니 그러므로 너희는 가서 모든 민족을 제자로 삼아 아버지와 아들과 성령의 이름으로 세례를 베풀고 내가 너희에게 분부한 모든 것을 가르쳐 지키게 하라 볼지어다 내가 세상 끝날까지 너희와 항상 함께 있으리라 하시니라"(마 28:18~20).

지금까지 우리는 사명 리더십이라는 명제를 가지고 탐구여행을 해왔다. 하나님께서 사람을 창조하실 때는 구체적인 목적을 두고 디자인하신다. 그러므로 사람은 평생 동안 하나님의 디자인을 발견하고 그 지으신 목적을 성취하면서 살아가야 한다. 이것이 지음 받은 사람의 사명이다. 그러므로 이 땅에 존재하는 사람들은 모두 사명자다. 다만 사명을 깨닫고 고백한 사람과 그렇지 못한 사람이 있을 뿐이다. 그러므로 사명 리더는 먼저 자신을 향한 하나님의 디자인을 발견하고 그것을 성취하기 위해 살아가야 한다. 또한 자신을 따르는 사람들도 그러한 삶을 살도록 격려하고 도와야 한다.

그렇다면 우리에게는 또 하나의 질문이 생긴다. 이 사명을 성취하는 구체적인 장소는 어디인가? 이 장에서는 사명 리더가 맡겨진 사명을 감당할 사명의 장소에 대한 문제를 다뤄보자.

1. 사명의 장소로 가라

사명 리더는 하나님의 구속사적 관점에서 자신의 사명을 고백한다. 성서는 하나님께서 천지를 창조하신 이후, 인간의 타락으로 말미암아 세상은 그 원형을 상실했다고 증언하고 있다. 그 이후의 성서 이야기는 하나님의 나라를 회복하고자 하는 하나님의 선교활동과 그분에게 쓰임 받는 사람들, 나라들에 대한 것이다.

이 성서 이야기는 하나님께서 세상을 사랑하셔서 독생자를 주셨다는 데서 그 절정에 달한다. 그 아들은 이 세상에서 아버지의 뜻에 순종하며 사명을 감당하다가 십자가에서 자신의 생명을 주심으로 사랑의 진수를 보여준다. 그리고 부활하셔서 영원한 생명의 약속이 된다. 부활하신 예수 그리스도는 제자들을 세상에 보내시며 이 복음의 증인이 되라고 명령하셨고, 성령의 권능을 받은 교회는 주님이 다시 오실 때까지 땅 끝까지 그 사명을 향해 나간다.

이러한 구속사 중심의 사명에 대한 이해는 사명 리더로 하여금 하나님의 사명에 민감하도록 이끈다. 사명 리더는 하나님의 구속사의 한 정점에서 하나님을 만나고 있는 것이다. 그러므로 사명 리더는 '사명을 수행하시는 하나님'(missional God)의 구속 역사의 도구가 되어야 하며, 항상 민감하게 그 하나님의 뜻을 찾아 순종해야 한다.

하나님의 명령에 귀 기울이는 사명 리더에게 하나님은 여러 가지 사명을 주신다. 성서에서 발견할 수 있는 본문은 그 수를 헤아릴 수 없을 만큼 많지만, 대표적인 사명의 말씀들은 다음과 같다.

① 먼저 그의 나라와 그 의를 구하라.
② 네 이웃을 네 몸과 같이 사랑하라.
③ 세상의 소금과 빛이 되어라.
④ 내 양을 먹이라.
⑤ 내 증인이 되어라.
⑥ 가서 제자 삼으라.

선교학자들은 이러한 사명의 말씀들 중 가장 크고 중요한 것으로 '가장 큰 명령'(the great command)과 '가장 큰 위임'(the great commission)을 들었다.

① 가장 큰 명령: 네 이웃을 네 몸처럼 사랑하라.
② 가장 큰 위임: 가서 제자 삼으라.

선교 현장에서 이 두 본문들은 서로 다른 선교의 흐름을 형성했다. 그러나 성서의 모든 명령들은 별개의 것이 아니라 서로 연결되어 하나의 공통적인 사명을 향해 나간다. 위의 두 큰 명령들조차 하나의 맥락에서 이해되어야 한다. 즉 제자들은 세상에 나가 또 다른 사람들을 제자로 삼을 때 예수 그리스도가 분부한 모든 명령을 가르쳐 지키도록 해야 할 의무를 지닌다. 그것은 하나님을 사랑하여 그의 나라를 구하고, 이웃을 사랑하는 것으로 요약된다. 그러므로 위의 두 큰 명령은 다음의 세 가지로 정리될 수 있다.

① 하나님을 사랑하여 하나님 나라를 추구하라.

② 네 이웃을 사랑하여 그들이 구원에 이르기까지 섬기라.
③ 그리고 이 명령을 순종하는 제자를 삼으라.

그런데 이 사명을 수행하기 위해서 분명히 들려주는 공통된 말씀이 있는데, 그것은 우리가 세상으로 나가야 한다는 것이다. 성서에 나타난 사명자들은 모두 다 자신의 사명의 장소로 나아갔다. 그러므로 하나님의 파송과 이에 순종한 떠남은 사명 리더에게 너무나 중요한 과정이다.

하나님으로부터 보냄을 받아 세상에 오신 예수 그리스도는 이 과정의 완전한 전형을 보여준다. 그리고 예수 그리스도가 제자들을 훈련하시고 세상으로 보내시는 것은 우리의 제자훈련의 완벽한 모델이 된다.

예수께서는 제자들을 훈련하시고, 때가 되자 그들을 세상으로 파송하셨다. 아니, 어떻게 보면 예수께서 제자들을 떠났다는 것이 옳다. 대신 그분은 당신의 영이신 성령을 보내셨고, 교회를 줌으로써 제자들끼리 서로 협력하게 하셨다. 그러므로 예수께서 주신 사명은 성령의 도우심을 받은 교회 공동체를 통해 성취되는 것이 가장 이상적이다.

이 모델을 따른다면 사명 리더는 따르는 자들을 예수 그리스도의 제자로 양육한 후에, 그들을 떠나보내거나 자신이 제자들을 떠나야 한다. 이것은 따르는 자들이 온전히 성숙되었기 때문이 아니다. 우리 모두의 믿음과 깨달음은 하나님 안에서 계속 자라나야 한다. 인격도 계속 성숙되어야 하고, 사역을 할 수 있는 능력도 우리의 은사와 달란트를 발견하고 개발하면서 계속 성장시켜야 한다. 그러나 어느 시점에서 리더는 따르는 자들과 헤어져야 한다. 그 파송의 때를 일반화할 수는 없다. 다만 따르는 자들이 예수 그리스도의 주권을 고백하고, 그의 종으로서 헌신된 삶을 살며, 다른 사람을 훈련할 수 있다면, 그들을 떠나보내야 한다. 그럴 때 그는 더욱더 하나님 앞에 단독자로 서게 되고, 성령의 인도하심을 받아 성숙할 수 있다.

그런데 이 보냄의 의미는 공간적으로 다른 곳으로 보낸다거나 더 이상 관계를 갖지 않는다는 단절의 의미가 아니다. 보낸다는 것은 제자와 자신과의 관계를 수직적인 관계에서 수평적인 관계로 전환시키는 것을 말한다. 가르치고 배우는 자, 훈련시키고 훈련받는 자의 관계에서 서로 가르치고 서로 배우는 자, 곧 동료와 동역자가 되는 것이다.

결론적으로 모든 예수의 제자는 세상으로 파송을 받아 사명을 감당해야 한다. 이 사명은 하나님에게로부터 시작되었으며, 전 세계의 회복과 구원을 목표로 한다. 그러므로 한 사람의 리더에게 주어진 작은 사명도 하나님의 전 지구적 구원계획과 연결되어 있다. 그러므로 사명 리더는 자신의 사명을 하나님의 구속적 관점에서 봐야 하고, 전 지구적인 하나님 나라 운동의 맥락에서 실천해 가야 한다.

2. 세계를 품으라

사명 리더는 하나님께서 세계를 품고 구원사역을 수행하시는 것처럼 세상을 품고 그의 사명을 감당한다. 그러므로 이 지구촌은 사명 리더가 품고 기도해야 할 사명의 터전이다. 이러한 사명자를 복음주의 운동에서는 '세계를 품은 그리스도인'(World Christian)이라고 한다.[1] 이렇게 세계를 품은 그리스도인은 전 세계 구원을 위해 일하시는 하나님의 사역에 동참하며, 날마다 사명자로 살아가는 사람이다. 그에게 있어서 최우선의 과제는 세계 복음화와 하나님 나라를 선포하는 일이다.

그러므로 사명 리더는 지구촌 안에서 자신의 역할과 따르는 자들의 역할을 생각한다. 그리고 따르는 자들을 지구촌 안에서 보다 크게 쓰임 받도록 양육한다. 그러기 위해서 사명 리더는 자신의 시야를 전 세계적으로 넓히기 위해 노력해야 한다. 많은 사역자들이 이 단계에 오면 좌절하고 포기한다. 글로벌 리더가 되기에는 자신이 너무 부족하다고 생각하기 때문이다. 그러나 전 세계를 품을 수 없으면 진정한 사명 리더가 될 수 없다. 왜냐하면 하나님께서는 이 지구촌 전체를 구원하기 원하시기 때문이다. 이러한 도전을 감당할 수 없으면 사명 리더가 되려고 하지 말아야 한다. 소경이 소경을 이끌고 가면 둘 다 절벽에 떨어질 수밖에 없듯이, 사명 리더가 비전이 없으면 따르는 자들도 비전을 발견할 수 없기 때문이다. 사명 리더의 노력만큼 따르는 자들이 살고, 하나님의 영역이 확장된다는 사실을 잊지 말자.

그렇다면 사명 리더는 어떻게 비전을 확장시킬 수 있을까? 먼저, 사명 리더는 자신의 시간과 에너지의 많은 부분을 세계 비전을 품기 위해 기도하고 세계 선교를 공부하는 데 사용해야 한다. 둘째, 이러한 세계 비전을 보았으면 이 비전에 순종해야 한다. 세계를 품은 그리스도인이 되기를 결단하고, 비전을 성취할 계획을 세우며, 다른 그리스도인들과 동역을 시작해야 한다. 세계 사역에 대한 더 많은 공부를 해야 하고, 따르는 자들 또한 세계를 향한 같은 비전을 품을 수 있도록 양육해야 한다. 이는 아래의 단계로 정리될 수 있다.

① 사명 리더의 비전은 하나님 나라 운동을 지향해야 한다.
② 사명 리더는 따르는 자들을 또 다른 사명 리더들로 양육해야 한다.
③ 사명 리더들의 사역들은 서로 연결(network)되어야 한다.

사명 리더가 노력만 한다면 지구정보와 선교에 대한 자료는 얼마든지 있다. 선교현장에 참여할 수 있는 기회도 많다. 이 땅에는 선교단체들과 선교하는 교회들이 얼마든지 있다. 하나님께서 예비하신 선교 후원자도 많고, 선교동역 후보자도 많다. 문제는, 우리가 찾지 않고, 발굴하지 않고, 개발하지 않아서, 리더십이 계발되지 않고, 선교에 힘이 없는 것이다. 그러므로 사명 리더에게는 사명을 향한 용기와 책임감이 절실히 요청된다.

따르는 자들을 사명자로 세우고, 동역의 네트워크를 형성하기 위해서 사명 리더는 세계 선교 현장의 다양한 역할들을 이해해야 한다. 그래야 자신을 위시한 따르는 자들이 자신의 은사와 달란트에 따라 사명의 장소를 발견하도록 도울 수 있기 때문이다. 다양한 선교의 영역에 대한 전문서적들이 많이 나타나고 있다. 그중에 상담 분야에는 켈리 오도넬의 「선교사 멤버케어」, 비즈니스 선교에 대해서는 데쓰나오 야마모리와 케네스 엘드레드가 편집한 「킹덤 비즈니스」, 지역사회개발과 의료선교에는 스탠 롤랜드가 쓴 「21세기 세계선교의 새로운 패러다임」, 전문인 선교로는 김태연이 쓴 「전문인 선교 행전: 사도행전의 선교적 해석학」과 「전문인 선교사로 나가자」를 추천할 수 있다.[2] 이러한 흐름들을 고려하면서 전 세계를 품고 사역할 역할들을 다음과 같이 구분할 수 있다.

① 가는 자 : 스스로가 세계 선교의 현장으로 나가는 사람
② 특정 선교사를 보내는 자 : 특정한 선교사가 자신의 사역을 충분히 감당할 수 있도록 후원함으로 동참하는 사람
③ 일반적으로 보내는 자 : 선교 훈련가, 선교 목사, 선교 상담가, 선교 행정가, 선교 연구자, 선교 동원가 등으로 총체적 선교에 기여하는 사람

사명 리더는 자신이 어디에 적합한지에 대해 기도해야 한다. 그리고 자신에게 적절한 사역을 발견했으면, 그 사역에 직접 참여해야 한다. 중요한 것은 자신의 경력을 발전시키는 것보다는 선교라는 대의를 발전시키는 일에 전념해야 한다는 사실이다. 이러한 리더는 따르는 자들을 하나님의 선교 대열에 동참시킬 수 있다.

3. 교회- 가정-직장-지역사회-세계로

하나님의 선교를 바라보며 세계를 품었으면, 이제는 구체적인 사역 실천을 위해 사명의 장소를 단위별로 이해해야 한다. 사명 리더는 그의 삶 속에서 교회, 가정, 직장, 지역사회, 세계라는 다섯 개의 중요한 축을 중심으로 움직인다. 먼저, 사명 리더는 교회 안에서 여러 가지로 헌신한다. 그러나 그는 또한 하나님께서 이루어주신 가정을 성실하게 돌보며 가꾸어가기 위해서 최선을 다한다. 그리고 이 가정을 유지하고 가족의 꿈을 성취하기 위해 직장에서 많은 시간을 보낸다. 더 나아가서 그들은 사회에도 기여하는 삶을 살아냄으로써 세상의 빛과 소금 역할을 감당한다. 마지막으로 그는 땅 끝까지 하나님의 나라가 확장되도록 기도하고 노력한다. 이제 이 축들을 정리해 보자.

실천을 위한 단위들

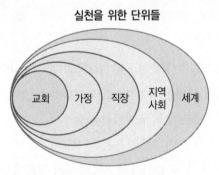

1) 교회

사명 리더는 세상 한복판에서 세상의 변화를 감지하며, 그 속에서 하나님의 나라를 선포한다. 이 사명 수행을 위해 사명 리더는 교회가 제 기능을 하도록 이끌고 섬긴다. 교회는 하나님의 선교를 위한 중요한 도구기 때문이다. 교회는 하나님의 백성들, 곧 세상에 존재하는 그리스도의 몸이다. 이 교회 공동체를 통해 사람들은 하나님을 만나고, 하나님 나라의 비전을 확인하며, 제자훈련을 통해 무장된 후에, 세상으로 사명을 수행하러 나간다.

2) 가정

사명 리더는 성서적으로도 건강한 신앙의 가정을 세우기 위해 최선을 다한다. 먼저는 하나님이 주인 되시는 가정을 만들기 위해 최선을 다한다. 또한 사명 리더는 가정을 하나님의 교회로 인식하고 목회자의 기능을 감당한다. 가정에서의 예배와 말씀양육, 제자훈련과 친교, 그리고 이웃을 향한 전도와 선교의 수행은 가정을 교회로 볼 때 가능하다. 특히 부모로서의 사명 리더는 자녀들을 하나님 나라 운동의 글로벌 리더로 양육한다. 그러기 위해서 부모가 먼저 세계를 품는 것은 정말 중요하다.

3) 직장

직장은 사명 리더가 세상과 접촉하는 가장 중요한 창구 중 하나다. 사명 리더는 평균적으로 가장 많은 시간을 직장에서 보내며, 세계관과 가치관이 다른 직장 동료들과 공동의 과제를 수행해 나간다. 이는 세상의 과제를 기독교인의 관점에서 처리하는 것을 보여줄 수 있는 가장 중요한 기회로서, 가장 효과적인 전도와 선교로 이어질 수 있다. 그러므로 사명 리더는 직장을 소명(calling)의 장소로 인식해야 한다.[3] 직장에서 맡은 전문분야의 일을 통해 하나님께 영광을 돌리고, 직장에 화해와 평화를 이룸으로써 하나님의 나라를 확장해 간다. 또한 직장을 목회와 사역의 장소로 인식하여 도움이 필요한 사람들을 섬기고, 기도회와 성경공부를 인도하며, 복음을 전하는 등 직장 안에 교회를 이뤄간다. 더 나아가서 청지기로서의 사명 리더는 자신에게 주어진 조건들을 하나님이 자신에게 맡겨주신 것이라고 고백함으로써 일터를 성심을 다해 가꿔가고, 그로 말미암아 더욱더 선한 결과를 낸다. 이에 더하여 글로벌 시대의 직장은 갈수록 세계와 연결되고 있다. 대부분의 기업들이 세계적인 트렌드와 연결되어 움직인다. 그럴 때일수록 사명 리더는 직장이 세계 선교에 중요한 도구가 될 수 있다는 것을 인식해야 한다. 이제 전문인 선교나 비즈니스 선교는 세계 선교의 주요 흐름이 되고 있다.

4) 지역사회

사명 리더에게 중요한 활동 영역 중에 하나는 직장 외의 일반 사회다. 그것은 지역사회 안에서 특별한 이슈를 향한 활동일 수도 있고, 정당 활동이나 시민단체 및 동호회 활동 등과 같은 특별한 목적의 단체 활동일 수도 있다. 이러한 활동은 사명 리더가 자신의 사역을 더 넓은 차원에서 확인하고 세상 안에 하나님의 나라를 이뤄가기 위한 중요한 영역이다. 이러한 활동에서도 사명 리더는 세상의 사제로서의 기능을 감당하며, 청지기로서 하나님께서 맡겨주신 것들을 그분의 뜻에 따라 관리한다. 특히 글로컬 시대에 지역사회는 전 세계와 관계하며 자신을 형성해 간다. 즉 지역의 환경문제, 정의와 평등의 문제, 여성 인권 등과 같은 문제는 전 세계와 연결된 문제들이다. 그러므로 지역의 문제를 성실하게 해결하면 전 세계의 문제 해결에 기여할 수 있다. 사명 리더는 전 세계적 시각을 갖고 지역의 문제에 참여해야 한다.

5) 글로벌 세계

사명 리더는 글로벌 세계를 향한 사명을 수행하기 위해 노력해야 한다. 땅 끝까지 복음을 전파하는 사명은 사명 리더에게 위임된 것 중 가장 크고 중요한 것이다. 그러므로 사명 리더는 복음이 전해져야 할 지구촌 전체에 대해서 기도와 관심을 기울여야 한다. 세계기도정보나 선교지도를 통해 전세계의 흐름을 파악하고 세계의 교회들과 선교사들과 함께 연대하며 그 사명을 감당해야 한다. 앞에서 살펴보았듯이 사명 리더는 직접 선교사로 나가든지, 단기선교로, 비즈니스 선교로, 혹은 보내는 자로 하나님의 선교에 동참할 수 있다.

지금까지 다룬 다섯 영역은 상호 연결되어 있다. 그러므로 사명 리더는 사명의 현장에 대해 통합된 비전을 잃지 말아야 한다. 또한 따르는 자들에게도 이러한 비전을 전해 주어야 한다. 더 나아가서 따르는 자들을 은사별로, 강점과 달란트에 따라 그 분야의 전문가가 되도록 도와야 한다. 그리고 이들이 통합된 비전 안에서 상호 연결되도록 이끌어야 한다. 즉 적재적소에 사역자들을 파송하고, 전체적인 협력의 네트워크를 형성하는 것이다. 선교 현장에서 '비전이 이끌고 가는 협력'(Vision-Driven Partnership)은 사명 지향적인 동료의식을 가능하게 만든다. 또한 '하나님이 주신 협력'(God-Given Partnership)은 복음 안에서 은사를 나누도록 인도한다.

4. 구체적 실천방법

앞에서 우리는 사명 리더가 사명의 장소인 지구촌으로 나가기 위한 여러 가지 사항들을 점검했다. 그러나 이러한 모든 것은 구체적인 실천이 동반될 때 실현될 수 있다. 이를 위해 '실천 점검 리스트'를 제시한다. 사명 리더는 각 항목에 따라 구체적인 계획을 세우고 실천함으로써 자신의 사명을 삶으로 옮길 수 있을 것이다.

① 사명(mission)에 대해 공부하자.

② 나의 달란트와 청지기직을 확인하자.

③ 세계관을 넓히자.

④ 비전을 확립하자.

⑤ 팀워크 훈련을 하자.

⑥ 영어성경(NIV)을 읽고, 영어를 준비하자.

⑦ 세계기도정보(Operation World)를 통해 기도하자.

⑧ 선교사가 되자.

    ㉠ 우리 모두는 가는 선교사 아니면 보내는 선교사다.

    ㉡ 단기선교여행, TMT(Talent Mission Trip), 1~2년의 단기선교사로 참여할 수 있다.

    ㉢ 전문인 선교사로 직업을 통해 선교할 수 있다.

    ㉣ 비즈니스 선교로 사업을 통해 선교할 수 있다.

또한 사명 리더는 자라나는 어린이와 청소년을 글로벌 사명 리더로 양육하기 위해서 노력해야 한다. 이제 교회학교는 '글로벌 사명자 만들기' 라는 분명한 교육목표를 확립해야 한다. 이것 외에 다른 목표들은 부차적인 것이다. 교회학교가 이 사명을 감당하기 위해서 다음과 같은 제안을 해 본다.

① 교사 비전 회복운동

② 교회학교 갱신운동: 하나님 나라 운동의 리더를 만들기 위한 '훈련센터' 되기

③ 주일학교를 위한 사명 리더십 훈련 프로그램 개발 및 적용

    ㉠ 교사 비전 세미나 혹은 집회 개최

    ㉡ 어린이 혹은 청소년 사명 리더십 학교 운영

    ㉢ 비전 트립 개발

ⓔ 어린이 혹은 청소년 비전 집회
ⓜ 영어 목회(English Ministry) 사역자 양성
ⓗ 교회 간 연합 차원의 운동 전개

5. 성령 하나님과 함께 가라

하나님께서 사명 리더들을 세상 한가운데로 가라 하신다. 하늘과 땅의 모든 권세를 가진 분의 명령이다. 그러므로 너희는 가라! 이 명령에서 제외되는 사명 리더는 없다. 모두가 세상으로 나가야 한다.

그런데, 주님은 제자들을 혼자 보내지 않으신다. "볼지어다 내가 세상 끝날까지 너희와 항상 함께 있으리라."[4] 주님은 성령으로 제자들과 함께 세상으로 나가신다. 그러므로 사명 리더는 세상으로 나갈 때 성령 하나님과 함께 나가야 한다.

성령과 함께 세상으로 나가는 가장 이상적 모델은 예수님이시다. 예수님은 언제나 성령의 능력으로 사역하셨다. 베드로는 고넬료에게 예수님의 사역을 다음과 같이 설명한다. "하나님이 나사렛 예수에게 성령과 능력을 기름 붓듯 하셨으매 그가 두루 다니시며 선한 일을 행하시고 마귀에게 눌린 모든 사람을 고치셨으니 이는 하나님이 함께 하셨음이라."[5] 예수님도 자신의 사역에 성령이 함께하심을 말한다. "주의 성령이 내게 임하셨으니 이는 가난한 자에게 복음을 전하게 하시려고 내게 기름을 부으시고 나를 보내사 포로 된 자에게 자유를, 눈 먼 자에게 다시 보게 함을 전파하며 눌린 자를 자유롭게 하고 주의 은혜의 해를 전파하게 하려 하심이라 하였더라."[6] 성령이 그에게 오심으로써 복된 소식이 전파되고, 능력으로 치유와 해방의 역사가 일어난다.

예수와 니고데모의 대화를 보면 이 성령은 '거듭나게 하는 영'이다.[7] 오직 성령만이 사람들에게 복음의 진리를 확신시킬 수 있다. 그는 또한 보혜사요 진리의 영이시다.[8] 그가 모든 것을 가르치시고, 예수님이 말한 모든 것을 생각나게 하신다.[9]

더 나아가서 이 성령은 제자들이 세상에서 증인의 사명을 감당하도록 능력을 주시는 분이다. 부활하신 주님은 제자들을 세상으로 파송하시며 "성령을 받으라"고 하셨다.[10] 이는 제자들이 사명을 감당할 때 성령의 도우심이 절대로 필요함을 보여주고 있다. 누가복음에서도 부활하신 예수님은 성령의 능력을 덧입을 때까지 세상으로 나가지 말고 기다리라고 명하신다.[11] 그리고 마침내 성령이 임할 것인데, 그때는 제자들이 권능을 받고 땅 끝까지 나가 주님의 증인이 될 것이라고 말한다.[12]

그러므로 사명 리더는 성령과 함께 세상으로 나가야 하고, 성령의 공급해 주시는 힘으로 사역을 감당해야 한다. 그럴 때 하나님께 영광 돌리는 일이 일어나고, 교회와 세상에도 변화의 능력이 역사한다.

존 웨슬리는 그가 복음을 전하기 위해, 그리고 그가 섬기는 사람들을 힘 있는 지도자들로 만들기 위해 52년 동안 새벽부터 저녁 늦게까지 말을 타고 순회전도여행을 했다. 그는 "세계는 나의 교구"라고 외치면서 22만 5천 마일을 달렸고, 5만 회의 설교를 하였다. 수많은 핍박과 갈등 속에서도 그의 나이 80세가 되었을 무렵, 그의 사역지에는 여기저기 교회가 서는 것을 볼 수 있었다. 그는 말년에도 촌음을 아껴서 복음을 전파했다. 그가 죽기 5일 전에 32km나 떨어진 곳에 가서 복음을 전한 것은 사명 리더들에게 강한 도전을 준다. 그가 89세의 나이로 운명할 때 그에게는 두 개의 숟가락과 하나의 찻주전자, 그리고 다 낡아빠진 코트 한 벌 밖에 없었다. 그는 평생 청지기로 살았으며, 자신의 것을 아낌없이 남을 위해 주었다. 그런 그가 자신의 삶을 마칠 때 마지막으로 남긴 말은 우리에게 깊은 감동을 준다.

"세상에서 제일 좋은 것은 하나님이 우리와 함께 계시는 것이다."

주님은 자신의 명령에 순종하고 세상으로 나가 제자 삼는 일에 평생을
바친 웨슬리와 세상 끝날까지 항상 함께 계셨다.

사명 리더들이여! 성령과 함께 사명의 장소로 가서, 따르는 자들을 예수
그리스도의 제자로 만들고, 그들과 함께 하나님의 사명을 완수하자! 주님은
이러한 우리와 세상 끝날까지 항상 함께하실 것이다.

6. 되짚어보기

하나님께서 주신 모든 사명은 전 세계의 회복과 구원을 목표로 한다. 그
러므로 사명 리더는 전 지구적 구원의 맥락 안에서 자신의 사명을 감당하기
위해 사명의 장소로 가야 한다.

이를 위해 사명 리더는 먼저 전 세계를 마음속에 품어야 한다. 이 지구촌
은 사명 리더가 품고 기도해야 할 사명의 터전이기 때문이다. 리더가 전 세
계를 품을 때 따르는 자들도 전 세계를 품게 된다.

하나님의 선교를 바라보며 세계를 품었으면, 이제는 구체적인 사역 실
천을 위해 사명의 장소를 단위별로 이해해야 한다. 전 세계를 교회, 가정, 직
장, 지역사회, 세계라는 단위별로 이해하는 것은 실제적으로 많은 도움을 준
다. 그러나 이 단위들은 상호 연결되어 있다. 그러므로 사명 리더는 사명의
현장에 대해 통합된 비전을 잃지 말아야 한다. 또한 따르는 자들에게도 이
러한 비전을 전해야 한다. 더 나아가서 따르는 자들을 은사별로, 강점과 달

란트에 따라 그 분야의 전문가가 되도록 도와야 한다. 그리고 이들이 통합된 비전 안에서 상호 연결되도록 이끌어야 한다.

마지막으로 사명 리더는 성령과 함께 세상으로 나가야 하고, 성령의 공급해 주시는 힘으로 사역을 감당해야 한다. 그럴 때 하나님께 영광 돌리는 일이 일어나고, 교회와 세상에도 변화의 능력이 역사한다.

내 것으로 만들기

1. 전 세계의 회복과 구원을 위한 나의 몫이 어떤 것인지 질문해 보자.

2. 전 세계를 품기 위한 구체적인 계획을 세워보자.

3. 교회, 가정, 직장, 지역사회, 세계라는 단위에서 자신이 감당할 사명을 정리해 보자. 그 안에서 만날 동역자들을 염두에 두라.

4. 성령과 함께 세상으로 나가기 위해 자신이 준비해야 할 것에 대해 생각해 보자.

서문

1) 요 20:21b.

I. 이론적 근거

1. 리더십이란?

1) Ordway Tead, *The Art of Leadership* (New York: Graw Hill, 1963), 20.

2) 폴 허시, 「상황을 이끄는 리더가 성공한다」, 이영운 역 (서울: 횃불, 2000).

3) 월터 C. 라이트 Jr., 「관계를 통한 리더십」, 양혜정 역 (서울: 예수전도단, 2002).

4) 존 맥스웰, 「당신 안에 잠재된 리더십을 키우라」, 강준민 역 (서울: 두란노, 1998).

5) 제임스 C. 헌터, 「서번트 리더십」 (서울: 시대의창, 2006), 50.

6) Warren Bennis, Joan Goldsmith, *Learning to Lead* (Menlo Park, CA: Addison-Wesley, 1994).

7) P. G. Northouse, 「리더십」, 김남현 역 (서울: 경문사, 2009), 54~59.

8) 맥스 드프리, 「권력 없는 리더십은 가능한가?」, 윤방섭 역 (서울: IVP, 1999); 보브 로스터 외, 「최고의 팀을 만드는 리더의 법칙」, 김은령 역 (서울: 청림, 2002).

9) 폴 허시, 「상황을 이끄는 리더가 성공한다」, 47~54.

10) 헤이컨설팅그룹, 「퍼포먼스 리더십」 (서울: 시그마인사이트컴, 2003), 20.

11) 헤이컨설팅그룹, 「퍼포먼스 리더십」, 38~40.

12) Tom Atchison, *Followership: A Practical Guide to Aligning Leaders and Follow* (Health Administration Press, 2003); Robert E. Kelley, *The Power of Followership: How to Create Leaders People Want to Follow and Followers Who Lead Themselves* (Currency, 1992).

13) Robert E. Kelley, *The Power of Followership*, 62~63.

14) 조성종, 「목회자 리더십론」 (서울: 성광문화사, 1997), 51~58.

15) 스티븐 코비, 「원칙 중심의 리더십」, 김경섭 박창규 공역 (서울: 김영사, 2001).

16) 케리 패터슨 외 3인, 「균형의 리더십」, 김휘경 역 (서울: 예문, 2004).

2. 사명 리더십

1) 이와 비슷한 관점을 제시하는 책으로는, 오브리 맬퍼스, 「역동적 교회 리더십」 (서울: 엘맨, 2001)을 추천할 만하다.

2) 김동선, 「하나님의 선교」 (서울: 한국장로교출판사, 2000).

3) 요 3:16.

4) 마 6:33.

5) 마 6:9; 눅 11:2.

6) 마 4:17; 막 1:15.

7) 행 1:3.

8) 눅 13:18~21; 마 13:31~33.

9) 마 13:44~46.

10) 로이드 존스, 「하나님의 나라」, 채천석 역 (서울: 기독교문서선교회, 1997); 죠오지 래드, 「예수와 하나님의 나라」, 이태훈 역 (서울: 엠마오, 1985); J. 몰트만, 「삼위일체와 하나님의 나라」, 김규진 역 (서울: 대한기독교서회, 1982).

11) 막 10:38.

12) 요 15:16.

13) 로버트 클린턴, 「영적 지도자 만들기」, 이순정 역 (서울: 베다니, 1993).

14) 오스왈드 샌더스, 「그리스도인의 영적 리더십」, 신광숙 역 (서울: 예찬사, 1999), 36.

15) 헨리 블랙커비, 「영적 리더십」, 윤종석 역 (서울: 두란노, 2003), 35~39.

16) 기독교 리더십에서는 예수를 완벽한 리더로 보는 관점을 쉽게 찾아볼 수 있다. 서적의 제목으로도 이러한 것들을 볼 수 있다. 마이클 유셉, 「예수님의 리더십」, 박영기 역 (서울: 보이스사, 1996); 로리 베스 존스, 「최고경영자 예수」 (서울: 한언, 1995).

17) 눅 6:12~13; 요 17:6~7.

18) 요 6:49~50, 14:10, 15:15, 17:8.

19) 마 26:39.

20) 요 14:8~11.

21) 헨리 블랙커비, 「영적 리더십」, 46.

22) David Fisher, *The 21st Century Pastor* (Grand Rapids, MI: Zondervan Publishing House, 1996).

23) Bernhard W. Anderson, *The Unfolding Drama of the Bible* (New Win Publishing, 1971).

24) 빌 하이벨스, 「리더십의 용기」, 양준희 역 (서울: 두란노, 2003).

3. 사명 리더십의 특징

1) 요일 3:16.

2) 마 18:21~35.

3) 마 22:34~40; 막 12:28~34; 눅 10:25~28.

4) 눅 10:25~37.

5) 마 25:31~46.

6) 약 2:15~17.

7) 마 7:15~27.

8) 제임스 C. 헌터, 「서번트 리더십」, 96~128.

9) 요 3:16~17.

10) 마 19:35~38.

11) 마 20:28.

12) 요 13:14~15.

13) 요 21:15~17.

14) 마 25:31~46.

15) 마 18:18~20.

16) 박재림, 김수웅, 「죽은 조직도 살리는 섬김의 리더십」 (서울: 미래지식, 2009), 36.

17) 박재림, 김수웅, 「죽은 조직도 살리는 섬김의 리더십」, 98~161.

18) 켄 제닝스, 존 슈탈-베르트, 「섬기는 리더」 (서울: 넥서스, 2008).

19) 헨리 클라우드, 「인테그리티」 (서울: 생명의말씀사, 2009), 44~45.

20) 헨리 클라우드, 「인테그리티」, 13~16.

21) 마 5:48.

22) 엡 4:15.

23) 출 17:7.

24) 후안 까를로스 오르띠즈, 「청지기」 (서울: 만나, 2007), 16~19.

25) 창 1:1.

26) 창 1:31.

27) 시 24:1~2.

28) 요 5:17.

29) 신 8:18.

30) 고전 4:2.

31) 마 25:21.

32) 갈 5:22~23.

33) 고전 13:4~7.

4. 사명 리더의 네 방향 성장

1) 마 11:28.

2) 엡 4:15.

3) 마 5:48.

4) 리처드 바크, 「갈매기의 꿈」 (서울: 현문미디어, 2007).

5) 엡 3:16.

6) 마 5:13~16.

7) 마 28:18~20.

8) 행 1:8.

9) 쉘 실버스타인, 「아낌없이 주는 나무」 (서울: 하서, 2008).

II. 실천하기

1. 나를 향한 하나님의 디자인 발견하기

1) 사 55:8~9.

2) 롬 9장.

3) 고후 12장.

4) 롬 9:20~21.

5) 히 11:8.

6) 사 6:8.

7) 고전 9:16.

8) 눅 19:11~27.

9) 고후 12:1~10.

10) 고후 12:9.

11) 눅 17:10.

12) 일반적인 MBTI에 대한 일반적인 책으로는, 조성환, 「성격」(서울: 한림미디어, 2003); Donna Dunning, *What's Your Type of Career?* (Palo Alto, CA: Davies-Black Publishing, 2001); William Bridges, *Character of Organizations* (Palo Alto, CA: Davies-Black Publishing, 2000); 폴 D. 티저, 바바라 배런 티저, 「사람의 성격을 읽는 법」 (서울: 더난, 1999); 하영목, 「너의 꿈은 무슨 색깔이니」 (서울: 가산, 2002); 히르쉬 S, 쿠머로우 J, 「성격유형과 삶의 양식」 (서울: 한국심리검사연구소, 1997); Catherine Fitzgerad, Linda K. Kirby ed., *Developing Leaders* (Palo Alto, CA: Davies-Black Publishing, 1997); Nancy J. Barger and Linda K. Kirby, *The Challenge of Change in Organizations* (Palo Alto, CA: Davies-Black Publishing, 1995) 등이 있으며, 기독교적인 활용서적으로는, 린 M. 밥, 「MBTI로 보는 교회 공동체」, 문희경 역 (서울: 솔로몬, 2005); 로이 오스왈드, 오토 크뢰거, 「MBTI로 보는 다양한 리더십」, 최광수, 이성옥 공역. (서울: 죠이선교회, 2002); 산드라 허쉬 외, 「자기발견 테마여행」, 손희정 역. (서울: 요단, 2002); 피터 T. 리차드슨, 「성격유형과 네 가지 영성」 (서울: 한국심리검사연구소, 2001); 조옥진 편, 「성격유형에 따른 영성과 기도생활」 (서울: 성서와 함께, 2000); 산드라 K. 히르쉬, 제인 A. G. 키즈, 「성격유형과 영성」 (서울: 한국심리검사연구소, 2000); 조옥진 편, 「성격유형과 그리스도인의 영성」 (서울: 생활성서사, 1996) 등이 있다.

13) 윤태익, 「타고난 성격으로 승부하라」 (서울: 더난, 2003); 다케다 고이치, 「팀 심리코칭」, 심교준 역 (서울: 한언, 2003); 마이클 J. 골드버그, 「에니어그램 성격의 리더십」 (서울: 상상북스, 2001); 마이클 J. 골드버그, 「성공 경영을 위한 에니어그램 리더십」, 박종영 역 (서울: 김영사, 2001); 돈 리처드 리소, 러스 허드슨, 「에니어그램의 지혜」, 주혜명 역 (서울: 한문화, 2000); 우재현, 우정희 편, 「에니어그램 훈련프로그램: 잠재력 계발을 위한」 (서울: 정암서원, 1999).

14) 손경구, 「기질학습과 영적성숙」 (서울: 두란노, 2003), 4장.

15) Isabel Briggs Myers, Mary H. McCaulley, 「MBTI 개발과 활용」, 김정택, 심혜숙, 제석봉 편 (서울: 한국심리검사연구소, 1995), 1.

16) 심혜숙, 김정택, 「MBTI 성장 프로그램 지도자 안내서(I)」 (서울: 한국심리검사연구소, 1998), 16.

17) 심혜숙, 김정택, 「MBTI 성장 프로그램 지도자 안내서(I)」, 32.

18) 심혜숙, 김정택, 「MBTI 성장 프로그램 지도자 안내서(I)」, 33.

19) 심혜숙, 김정택, 「MBTI 성장 프로그램 지도자 안내서(I)」, 34.

20) 심혜숙, 김정택, 「MBTI 성장 프로그램 지도자 안내서(I)」, 35.

21) 심혜숙, 김정택, 「MBTI 성장 프로그램 지도자 안내서(I)」, 39.

22) Isabel Briggs Myers, Mary H. McCaulley, 「MBTI 개발과 활용」, 22~23.

23) 마커스 버킹엄, 도널드 클리프턴, 「위대한 나의 발견 강점 혁명」 (서울: 청림출판, 2005).

24) 도널드 O. 클리프턴, 폴라 넬슨, 「강점에 올인하라」 (서울: 솔로몬북, 2007), 34.

25) 도널드 O. 클리프턴, 폴라 넬슨, 「강점에 올인하라」, 39.

26) 도널드 O. 클리프턴, 폴라 넬슨, 「강점에 올인하라」, 41~57.

27) 도널드 O. 클리프턴, 폴라 넬슨, 「강점에 올인하라」, 65.

28) 도널드 O. 클리프턴, 폴라 넬슨, 「강점에 올인하라」, 121~206.

29) 마커스 버킹엄, 「강점에 집중하라」 (서울: 21세기북스, 2009).

30) 도널드 클리프턴 외, 「크리스천 강점 혁명」 (서울: 두란노, 2007), 23~219.

31) 도널드 클리프턴 외, 「크리스천 강점 혁명」, 221~227.

32) 도널드 클리프턴 외, 「크리스천 강점 혁명」, 229.

33) 빌 하이벨스, 「네트워크 은사발견 사역」 (서울: 프리셉트, 2008).

34) 피터 와그너, 「은사를 발견하라」 (서울: 규장, 2002).

35) 크리스티안 A. 슈바르츠, 「사역의 3가지 색깔」, 임원주 역 (서울: NCD, 2003).

36) 롬 12:4~5.

37) 손경구, 「기질학습과 영적성숙」.

38) 고전 12:7.

39) 벧전 4:10.

40) 고전 12:31.

41) 피터 와그너, 「은사를 발견하라」.

42) 이하 다음의 사이트 참조. http://www.career4u.net/

43) Erik Rees, S.H.A.P.E. (Grand Rapids, MI: Zondervan, 2006).

44) 빌 1:6b; 엡 4:13.

45) 케빈 브렌플렉, 케이 마리 브렌플렉, 「소명 찾기」 (서울: IVP, 2006).

46) 산드라 허쉬 외, 「자기발견 테마여행」.

47) 산드라 허쉬 외, 「자기발견 테마여행」, 15.

2. 하나님의 디자인 성취하기

1) 마일즈 먼로, 「비전의 힘」 (서울: 프리셉트, 2006), 50~51.

2) 엡 2:10.

3) 엡 6:10~12.

4) 폴 스티븐스, 「21세기를 위한 평신도 신학」, 홍병룡 역 (서울: IVP, 2001); 폴 스티븐스, 「평신도가 사라진 교회?」, 이철민 역 (서울: IVP, 2001); 폴 스티븐스, 「현대인을 위한 생활영성」 (서울: IVP, 1996); 방선기, 「평신도!」 (서울: 한세, 2001); 방선기, 「크리스천@직장」 (서울: 한세, 2000); 방선기, 「일상 생활의 신학」 (서울: 한세, 2000).

5) 로버트 뱅크스 and 줄리아 뱅크스, 「교회, 또 하나의 가족」, 장동수 역 (서울: IVP, 1999).

6) 정철상, 「비전에 생명력을 불어넣어라」 (서울: 중앙경제평론사, 2007).

7) 마일즈 먼로, 「비전의 힘」, 49.

8) 히 11:1~2.

9) 이원설, 강헌구, 정선혜, 「비전, 그 신비로운 빛과 북소리」 (서울: 생명의말씀사, 2005).

10) 잠 19:18.

11) 하워드 맘스태드, 데이비드 해밀턴, 제임스 할콤, 「리더십, 사명을 성취하는 힘」, 김모세 역 (서울: 예수전도단, 2003), 22~24.

12) 켄 블랜차드, 「비전으로 가슴을 뛰게 하라」, 조천제 역 (서울: 21세기북스, 2006), 117~118.

13) 마일즈 먼로, 「비전의 힘」, 56~66.

14) 월트 캘러스태드, 「당신의 꿈을 키우라」 (서울: 두란노, 1999).

15) 벤 캠벨 존슨, 「목숨 걸 사명을 발견하라」 (서울: 규장, 2006), 45~57.

16) 벤 캠벨 존슨, 「목숨 걸 사명을 발견하라」, 68~87.

17) 로버트 허드넛, 「소명」 (서울: 요단, 2003), 17.

18) 로버트 허드넛, 「소명」, 20~21.

19) 벤 캠벨 존슨, 「목숨 걸 사명을 발견하라」, 12~30.

20) 손경구, 「사명」 (서울: 두란노, 2007), 7~16.

21) 릭 워렌, 「목적이 이끄는 삶」 (서울: 디모데, 2002).

22) 크리스틴 사인, 톰 사인, 「하나님 목적 나의 목적」 (서울: 그루터기하우스, 2007), 144~147.

23) 브라이언 트레이시, 「목표: 그 성취의 기술」 (서울: 김영사, 2003), 5.

24) 리처드 모리타, 켄 셸턴, My Goal, 장미화 역 (서울: 리드북, 2003).

25) Bobb Biehl, Master-planning (Nashville, TE: Broadman&Holman, 1997).

26) 약 4:15.

3. 사명의 장소인 지구촌으로 나가기

1) 밥 쇼그렌, 에이미 스턴즈, 「열방을 품은 그리스도인」 (서울: 좋은씨앗, 2006); 송인규, 「세
계를 품은 그리스도인」 (서울: IVP, 2001); 허버트 케인, 「세계를 품은 그리스도인 왜 되어
야 하는가」 (서울: 죠이선교회, 1990).

2) 다양한 선교의 영역에 대한 전문서적들이 많이 있다. 그중 상담 분야에는 켈리 오도넬,
「선교사 멤버케어」 (서울: 기독교문서선교회, 2004), 비즈니스 선교에 대해서는 데쓰나오
야마모리, 케네스 엘드레드 편, 「킹덤 비즈니스」 (서울: 죠이선교회, 2008), 지역사회 개발
과 의료 선교에는 스탠 롤랜드, 「21세기 세계선교의 새로운 패러다임」 (서울: 이레닷컴,
2003), 전문인 선교로는 김태연, 「전문인 선교 행전: 사도행전의 선교적 해석학」 (서울: 보
이스사, 2008); 김태연, 「전문인 선교사로 나가자」 (서울: 예영커뮤니케이션, 2004) 등을
들 수 있다.

3) 오스 기니스, 「소명: 인생의 목적을 발견하고 성취하는 길」, 홍병룡 역 (서울: IVP, 2006).

4) 마 28:20.

5) 행 10:38.

6) 눅 4:18~19.

7) 요 3:1~21.

8) 요 14:16~17.

9) 요 14:26.

10) 요20:19~23.

11) 눅 24:49.

12) 행 1:8.

21세기 크리스천의 존재방식, **M-Leadership**

사명 리더십으로 바로 세워라

초판 1쇄   2009년 12월 8일

장성배 지음

발 행 인 | 신경하
편 집 인 | 김광덕

펴 낸 곳 | 도서출판 kmc
등록번호 | 제2-1607호
등록일자 | 1993년 9월 4일

(100-101) 서울특별시 중구 태평로1가 64-8 감리회관 16층
(재)기독교대한감리회 출판국

대표전화 | 02-399-2008, 02-399-4365(팩스)
홈페이지 | http://www.kmcmall.co.kr
　　　　　 http://www.kmc.or.kr

디자인 · 인쇄 | 리더스 커뮤니케이션 02)2123-9996/7

값 9,000원
ISBN 978-89-8430-455-0 03230